中野 明——著　大久保喬樹——監修

速解日本文化論
25本名著
解讀日本人的自我認同

ナナメ読み日本文化論
名著25冊で読み解く日本人のアイデンティティ

目錄

Chapter 2
探討日本人的心理

Chapter 3

日本的風土特質為何

Chapter 4
探索日本之美

Chapter 5
支撐日本人和日本社會存在的東西

專欄
明治時期外國人眼中的日本

前言

~導讀日本文化論~

日本文化是「黑暗裡的象」

本書《速解日本文化論》是從眾多以日本、日本人以及日本文化為主題的書籍（本書將這些統稱為日本文化論）當中，挑選出具有話題性且被認為是一般通識的著作，介紹其內容概要。

仔細想想，其實可以將日本文化比喻為「黑暗裡的象」。「黑暗裡的象」是起源於南亞的寓言，說的是盲人摸象的故事。

不同的盲人在摸完象之後，各自提出不同的評論。例如，摸到象鼻的男子如此說道：

「這是一條巨大的蛇」

摸到象腿的另一名男子則說道：

「不不不，這絕對是一根柱子」

又有另一名男子如此說道：

「怎麼可能，這明明是一條繩子」

想必大家已經猜到，這名男子摸到的是大象的尾巴。

就像這樣，想要正確理解不知道廬山真面目的東西其實是一件非常困難的事。若想盡辦法理解，就會像寓言中的那些人一樣，對於「象」這一個實體有著各種非常不同的評論。

必須說，日本文化就像是「黑暗裡的象」，其全貌至今尚未能充分闡明，還處在黑暗當中。

前人為了掌握全貌，在黑暗中不斷地摸索。摸索的結果就是，到目前為止有許多人提出了各式各樣的日本文化論。可說是百家爭鳴的狀態。

希望大家不要誤會，我並不是說這些前人都是盲目的。而是眾人的挑戰對象，很不巧地是隻「黑暗裡的象」。因此我想說的是，無論是多麼優秀的人，也只能將燈光打在一部分的「象」身上，以此為根據發展各自的日本文化論。

如此一來，對於那些想知道日本文化論全貌的人而言，只能夠盡量多接觸從各種不同角度論述的日本文化論。

或許唯有如此，才能夠更接近「何謂日本文化」的正確解答。

一次讀完五大主題的書籍

話雖如此，要一一讀完各式各樣的日本文化論，就算是這個領域的專家也很難做到。

更不用說那些非專家的人，對於他們來說，甚至根本不知道應該從哪一本日本文化論開始著手才好。

此時正是本書派上用場的時候了。

如同一開始所寫，本書精選了二十五本在過去引發話題，且被認為是一般通識、值得一看的日本文化論書籍，每一本都是站在不同的立場論述日本文化論的寶貴作品。

針對每一本作品，除了附上一〇〇字的摘要和作者簡介之外，也簡單地介紹了每一本書的內容。也就是說，本書主要的目的就是幫助讀者一口氣理解這二十五本的日本文化論。

列舉出的書籍並非死板地按照發音順序或時代順序排列，這樣的做法想必會讓讀者覺得非常無趣。

因此，本書設定了五大主題，統整了符合主題的作品。如此一來，讀者可以更清楚了解每一本日本文化論的相互關係，每一種理論的相對位置也會變得更加清楚。

另外，比起單獨閱讀不同的日本文化論，相信透過這樣的方式，更有助於大家理解。

列舉的五大主題如下，以章別區分。

一開始是〈**Capter1 向世界介紹日本文化的三大名著**〉，選出了三本將日本文化推向世界的著作，是剛開始接觸日本文化時必讀的名著。

接下來是〈**Capter2 探討日本人的心理**〉，選出的書籍是從禪學、佛教、民族學、心理學等不同領域來探討日本文化背後蘊含的精神。

再來是〈**Capter3 日本的風土特質為何**〉，列舉了從地理角度論述日本文化特徵的書籍。

繼續是〈**Capter4 探索日本之美**〉，如題所示，這裡介紹的書籍是從考察日本之美的角度所提出的日本文化論。

最後是〈**Capter5 支撐日本人和日本社會存在的東西**〉，這裡介紹的則是從各種不同角度論述日本文化特徵的書籍。

一口氣讀完上述所有書籍，大概就可以初步掌握日本文化論的全貌。

如果只是把本書當作是一本讀物，或許有些可惜，因此我希望提出更有效應用本書的方法。關於這一點，在〈**後記 ~日本文化論的背後含意~**〉

中會詳細說明。

另外，在每一章的最後都有一篇〈**專欄 明治時期外國人眼中的日本**〉，介紹明治時期接觸日本文化的外國人所寫下的著作。

前言就到此為止，請各位好好享受《速解日本文化論》這一本書。

Chapter.

1

向世界介紹日本文化的三大名著

BOOKS

01

《武士道》

「坂上之雲」年代的日本精神本質為何？

100字摘要

在歐美學習的作者用英文解說作為日本人道德基礎的武士道。除了解釋代表武士道特徵的「義」、「勇」、「仁」、「禮」等詞彙之外，也舉了許多的例子來說明武士道的本質可與西洋思想的精神並駕齊驅。

《武士道》
新渡戶稻造著
矢內原忠雄譯
（岩波文庫／1938年）
繁體中文版由笛藤／聯合文學／先覺出版。

作者◉新渡戶稻造

1862～1933。札幌農學校（現在的北海道大學）畢業後前往歐美留學。回國後至札幌農學校、東京帝國大學（現在的東京大學）等校任職教授。

武士道的本質為何

關於日本文化的書籍有很多，當中必讀經典之一，便是名列本書第一的《武士道》。

作者是新渡戶稻造。是的，他就是舊版五〇〇〇日圓紙鈔上的肖像人物。新渡戶畢業於札幌農學校，這所學校最著名的就是留下了「少年啊，要胸懷大志」名言的威廉．克拉克博士（William Smith Clark）曾在此任教。畢業後進入東京大學，於明治十七年（一八八四），二十二歲的時候前往美國留學，學習農政和經濟。

之後又留學歐洲，最後回到札幌農學校執掌教鞭。然而，教授的工作忙碌，新渡戶因過勞而病倒，為了休養而辭去教職，前往美國調養身體。

為了填補養病時的無聊時光，他便開始著手撰寫有關武士道的著作，即我們現在看到的《武士道》一書。

原著以英文撰寫，由美國的出版社於明治三十三年（一九〇〇）出版。現在於日本流通的《武士道》是之後經過增補修訂的翻譯本。

以下來看一看書中內容。一開頭就深深地打動了讀者。

武士道與其表徵的櫻花相同，是日本土地固有的花。它並不是古代的道德經過乾燥而保存於日本歷史中的植物標本。武士道至今仍存在於我們之間，是活著的力與美。[*1]

新渡戶直言武士道不是押花圖鑑中乾燥的標本，直到現在仍是日本人力與美的表徵，生生不息。

此外，新渡戶還將武士道的本質定義為伴隨武人階級身分而來的義務，同時也是武士被要求遵守的「道德規範」。

新渡戶並提到，這個規範的特徵是「不言不文」，也就是說並沒有成文的法規，最多是口耳相傳，或是幾個少數著名武士留下的格言。

*1：新渡戶稻造著，矢內原忠雄譯《武士道》（岩波文庫：一九三八年）P25

不成文的規範是深深刻在武士內心深處的律法，這正是武士道。而且這並非是單純的信條，而是透過身體力行，一直以來發揮強大的效力。

為此，新渡戶甚至斷言，對於日本人而言，道德史上的武士道，其地位與政治史上的英國憲法有著相同的地位。

形成武士道的精神

那麼，形成武士道的具體精神為何呢？為了加以說明，新渡戶在《武士道》中針對下列四點進行闡述。

①武士道的起源與淵源
②武士道的特性與教誨
③武士道帶給民眾的感化
④感化的持續性與永久性

當中第二點的「武士道的特性與教誨」是新渡戶在《武士道》一書中花最多篇幅闡述的主題。新渡戶列舉出象徵武士道的關鍵字，並說明其特性。

這些關鍵字分別是「義」、「勇」、「仁」、「禮」、「誠」、「名譽」、「忠義」、「克己」。

對於武士而言，沒有什麼比卑劣的行為與不當的舉止更令人厭惡。應盡全力避免這樣的行為舉止，該死的時候死，該戰的時候戰，這樣的態度稱作為「義」。

與「義」屬於雙胞胎關係的是「勇」。就像「見義勇為」這句話一樣，「勇就是做有義之事」。話雖如此，貿然衝入戰場戰死並非勇。該生的時候生，該死的時候死，這才是真正的勇。

接下來是「仁」。王者應以愛、寬容、愛情以及同情為品德，這些總稱為「仁」。就像中國儒學家反覆強調的一樣，「仁」是統治者不可或缺的要素。

再來是「禮」，指的是表現出對他人的關懷。新渡戶還說，對於適當的事物給予適當的尊敬，進而對社會地位也給予適當的尊敬，這就是「禮」。

話雖如此，但若「禮」沒有伴隨真誠與誠實，也就是說若沒有「誠」，那麼就會是一個笑話。因此，先有「誠」則「禮」才能成立。

新渡戶還提到，武士道重「名譽」，尊崇「忠義」。再加上「克己」，也就是自己戰勝自己，如此一來日本才能養成上述的武士道精神。

對西洋列強抱有強烈意識

就像這樣，新渡戶如此盡心解釋武士道，並且在字裡行間還可以發現他將武士道和西洋思想相互比較。

●什麼是武士道？

「武士道的規範」，也就是伴隨武人階級身分而來的義務

如前所述，他將武士道對比為英國憲法。另外，身為基督徒的新渡戶，很自然地將武士道與基督教的教義相互比較。

另外，新渡戶也提出蘇格拉底、莎士比亞、尼采等古今哲學家和作家的思想，試著與武士道對比。

進行這些比較的用意就是，新渡戶主張武士道的本質其實與歐米諸國的思想並駕齊驅，甚至更加優越。

值得注意的是《武士道》的出版年份。明治二十七年（一八九四）中日甲午戰爭開戰，十年後的明治三十七年（一九〇四）又爆發了日俄戰爭。當時日本這個僅靠農業為生的國家，為了與歐洲列強並駕齊驅，正值一個不斷地向前奔馳、發展的年代。

對於經歷日俄戰爭年代的人們，小說家司馬遼太郎在他的名著《坂上之雲》中，將當時的時代氛圍，如此描述：

「坡頂上的藍天若閃耀著一朵白雲，那麼就望著那白雲慢慢爬上坡去吧[*2]」

當時的日本正是以那遙遠坡上的白雲為目標，拚盡全力爬上那漫長的坡道。

＊2：司馬遼太郎《坂上之雲八》（文春文庫，一九九九年）P312

為了與西洋列強並駕齊驅，吃盡了苦頭。

在可說是「坂上之雲時代」的當時，新渡戶的《武士道》不是在日本，而是在美國出版，向國際社會展示，日本人的武士道精神絕對是與西洋文明精神不分軒輊。

我認為，現代的日本已經很少有人會正面闡述「義」、「勇」的重要性。然而，新渡戶所說的武士道是超越時代的「人生原則」。為喚起這個被遺忘的原則，新渡戶的《武士道》到了現在，更值得一讀。

重點掌握

- 《武士道》於中日甲午戰爭和日俄戰爭之間出版，向世界展示了日本這個新興國家的雄姿。
- 除了解說武士道之外，也強調武士道精神可以與西洋思想並駕齊驅，展現了日本人的優點。

BOOKS

02

《茶之書》

飲一服茶，思考什麼是「虛」

100字摘要

透過茶室與美術鑑賞態度、千利休為花與茶而生的人生等，解說日本文化之一的茶道背後的道教與禪學精神。不僅論述茶道，更透過茶道論述日本人的精神。

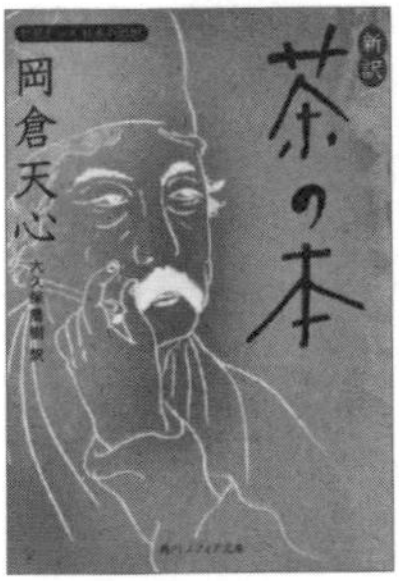

《新譯 茶之書》
岡倉天心著，大久保喬樹譯
（角川Sophia文庫／2005年）
繁體中文版：
《茶之書》五南

作者◉**岡倉天心**

1863～1913。美術運動家。追隨費諾羅沙學習美術。曾任東京美術學校（現在的東京藝術大學美術學部）校長，之後擔任波士頓美術館東洋部長。

岡倉的英文三部曲

岡倉天心的著作《茶之書》經常會被拿來與新渡戶稻造的《武士道》（BOOKS01）相提並論，理由如下。

首先，兩者皆是在「坂上之雲時代」完成的作品，一開始都是用英文出版。另外，兩者的內容皆是論述新興國家——日本的傳統精神。無論是在海外或日本都是暢銷書這一點，也是兩者的共通點。

作者岡倉，名覺三，天心是他的號。岡倉奉厄內斯特・費諾羅沙[*1]為師，為創設東京美術學校傾盡全力。在學校開設後翌年就任校長，之後也參與創設日本美術院。岡倉於明治時期對振興日本美術界的貢獻，絕對是值得記上一筆的。

之後，岡倉就任波士頓美術館東洋部長一職，活動範圍拓展至海外。這是明治三十七年（一九〇四）時的事情。

在此之前的明治三十六年（一九〇三），岡倉出版了處女作《東洋的理想》。

*1：Ernst Fenollosa。一八五三～一九〇八。美國哲學家、日本美術評論家。受雇於明治十一年（一八七八）來到日本。

這本書是明治三十五年（一九〇二），岡倉停留在印度時用英文所寫的作品。接下來他又於明治三十七年出版了《日本的覺醒》。這部作品是岡倉第一次渡美時在船上所寫，原稿也是用英文寫成。

接下來第三本的英文著作就是《茶之書》。出版年份為明治三十九年（一九〇六），也就是說岡倉於四年內連續出版了三本著作。這三本著作被認為是岡倉的英文三部曲，至今仍有廣大的讀者。

詳細解說東洋思想的本質

岡倉的處女作《東洋的理想》，開宗明義第一句就寫道「亞洲是一體的」。他在這本書中強調，亞洲各國現在正被列強蹂躪，唯一維持並體現東洋理想的就是日本。

為此，岡倉主張，日本必須帶頭獨立、率先在精神上解放亞洲同胞。

接下來的《日本的覺醒》，說明的是明治維新之後，朝著「坂上之雲」不斷奔馳的日本精神。

明治維新之後，日本雖然受到西洋思想的洗禮，但日本人並沒有喪失自己的本性。因此岡倉鼓吹，日本不僅要將西洋當作是近代化的範本，同時還必須保持懷有東洋理想的日本思想，對日本文化有所覺醒。

就像這樣，岡倉的主張非常遠大。三部曲最後的《茶之書》也繼承了他一貫的姿態。

剛接觸《茶之書》這本書的人，光看書名也許會覺得這是一本「岡倉闡述茶道的書」。

然而，這本書的主體並非是在解說茶道。這原本是岡倉在波士頓美術館針對日本文化發表演講時的內容，可說是透過茶道闡述日本人的精神。另外，這本書也可說是透過茶道背後的精神，提倡東方的亞洲與西方的歐美融合的著作。

關於後者，岡倉在《茶之書》的〈第一章 一碗見人情〉是這麼寫的：

說到底，包含日本在內的亞洲諸國一直在乞求向西洋文明靠攏。然而，西洋社會卻非常缺乏接受東洋文明的態度。在這樣的情況當中，唯一廣受世界尊敬的亞洲儀式就是茶道。如果是這樣的話，那麼只要西洋文明對茶道有進一步的理解，那麼茶道必定可以成為東洋文明與西洋文明之間的橋樑……

這就是岡倉的想法。

那麼，這座橋樑背後的精神、希望西洋文明理解的精神到底是什麼呢？岡倉在這裡提出了「虛」的精神。不僅是當時的西洋文明，對於身處現代的我們而言，也有重新認識的必要。

茶道背後日本人對於美的崇高意識

岡倉在茶道背後看到的是以老子為始祖的中國道教，以及繼承道教精神的禪學思想。

道教接受世俗原本的樣子，相反或矛盾的部分也都予以包容。關於這一點，最具代表的就是表現在「虛」的思想上。

對住宅而言，有用的不是屋頂或牆壁，而是這些所創造出的空間（空虛）。水壺也是一樣，水注入空所（空虛）之後才能夠使用。

一般人會把「虛」當作是不必要的存在。然而，如上述的例子一般，正因為看起來沒有必要，所以才是萬能，這正是包容了矛盾。

岡倉主張，道教正統繼承者的「禪」，也承接了同樣的想法。比如說，從「瑣事」，也就是「不足為道的小事」中找出人生真諦的態度等等。

喝茶的習慣也可算是瑣事。然而，中國的禪僧為了從喝茶這件「瑣事」中找出真理，聚集在達摩像前捧著一個碗，遵照應有的儀式喝茶。這一個儀式最終發展成為了日本的茶道。

為此，岡倉主張，茶道的理想是實踐從人生的瑣事中找出意義的禪學思想，而其背後就是找尋「虛」的價值的道教思想。

●岡倉天心的英文三部曲

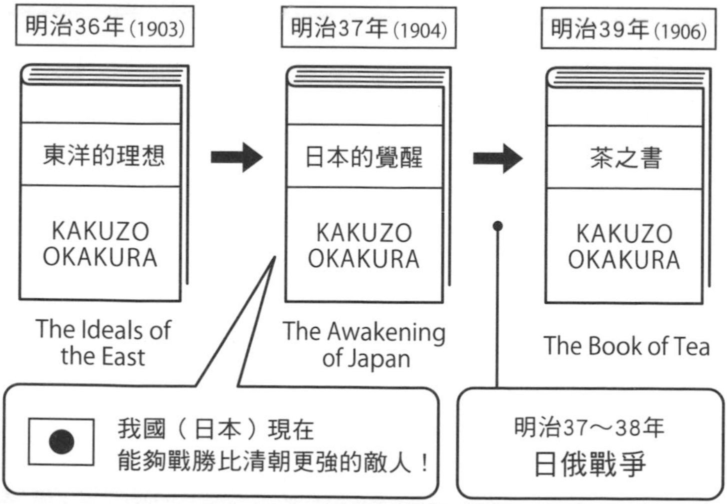

擁有道教背景的禪學思想，影響了茶道的茶室和茶室內的禮儀，以及裝飾在茶室內的藝術品等。例如，禪學認為，外在的裝飾是阻擾尋求真理的障礙物，而茶道也是一樣。岡倉主張，茶室會像水墨畫一般簡樸就是受到這種想法的影響。

另外，裝飾茶室的畫軸、花、茶器等，除了主人依照喜好挑選的東西之外，沒有別的裝飾，非常簡樸。

也許是這個緣故，茶道對於美的意識，總給人一種不完全的感覺。然而，愛茶的精神才是美的本質。

不完全之美代表讓鑑賞者有機會完成這個美。重點不在於欣賞完全之美，而是追求完全的過程。岡倉稱這種態度為愛茶的精神之美。

從岡倉的言論中可以看出，水墨畫或是茶室的簡樸雖然不完美，但卻與包容一切的「虛」緊密結合。日本人可說是自古以來就十分習慣這一種親近「虛」的態度。

然而，現代的日本人卻逐漸忘記了對於「虛」的愛惜之心。仔細想想，我們經常抱怨沒有這個、沒有那個，總是在對不完全發出感嘆。然而，在這樣不完全的狀況之中，到底要如何找出心靈的平靜喜樂，這也許是岡倉透過《茶之書》對現代人發出的提問。

也許可以飲一服茶，慢慢思考這一個問題。

重點掌握

- 《茶之書》是岡倉天心所寫的英文三部曲中的最後一作。
- 這並非是論述茶道的書。而是透過本書告訴世人，茶道背後的日本精神和日本人的審美觀與西洋大不相同。

BOOKS

03

《代表的日本人》

精神可與西洋偉人
並駕齊驅的五位
日本人是誰？

100字摘要

以西鄉隆盛、上杉鷹山、二宮尊德、中江藤樹、日蓮上人五人為日本人典型的代表，他們展現的精神可與西洋的偉人並駕齊驅，是日本在世界上的驕傲。

《代表的日本人》
內村鑑三著，鈴木範久譯
（岩波文庫／1995年）
繁體中文版由
遠足文化出版。

作者◉**內村鑑三**

1861～1930。宗教家、評論家。札幌農學校畢業後擔任公職，之後留學美國。一生都從基督教信徒的角度提倡和平。

舉出日本的代表性人物

假設現在要舉出「五位日本的代表性人物」，那麼該推舉誰呢？問題本身非常單純。然而，等到真的要舉出五人的時候，大家應該都會覺得很難下決定吧？

時間推回到明治四十一年（一九〇八），有人挑戰了這一項困難的任務。這個人就是《代表的日本人》的作者——內村鑑三。

內村與撰寫《武士道》（BOOKS01）的新渡戶稻造，從很久以前開始就是一起求學的好友，也同時進入札幌農學校就讀。內村畢業後擔任公職，之後留學美國，他同時也是一個虔誠的基督徒，這些都與新渡戶相同。另外，《代表的日本人》也與《武士道》一樣是用英文寫成的。

內村在著作《代表的日本人》當中，舉出了五位日本的代表性人物，並透過這五人，向世界展示所謂日本人的處世方式，以及以日本為尊的精神。

然而，內村的目的並不是單純地介紹日本的精神。他將這五人與西洋的偉人相互比較，藉此主張日本的偉人與西洋的偉人並駕齊驅，日本人的精神一點也不遜於西洋人。內村列舉出的五人如下：

①西鄉隆盛　②上杉鷹山　③二宮尊德　④中江藤樹　⑤日蓮上人

大家覺得如何呢？看到這五人的名字，大家有什麼想法呢？想必沒有人不知道西鄉隆盛的名字。另外，如果把二宮尊德的名字寫成二宮金次郎，應該有很多人會恍然大悟「啊，原來是他」。

然而，關於其他三人，對有些人來說也許會覺得滿頭問號。

內村從五個人當中找出了哪一些代表日本人的特質呢？下文將依序介紹。

內村選出的日本人代表

內村一開始介紹的西鄉隆盛是明治維新最大的功臣，但在西南戰爭中卻與明治政府為敵，最後悲劇收場。

西鄉一生無欲無求，雖然居高位，但對人依舊不忘謙卑。內村指出，從西鄉的座右銘——「敬天愛人」便可看出其思想的特徵。「敬天愛人」指的是「天對於所有的人都給予同樣的愛。因此，我們也必須像愛自己一般愛別人」。

西鄉隆盛無欲無求、愛人如己，內村將他為人與聖湯瑪斯．阿奎那（St. Thomas Aquinas）相提並論，並認為西鄉隆盛的偉大可比擬克倫威爾將軍（Oliver Cromwell）。也就是說，在內村的眼裡，西鄉隆盛像聖湯瑪斯．阿奎那一般愛人，又像克倫威爾將軍一般用革命的方式貫徹正義。

●代表的日本人vs著名西洋人

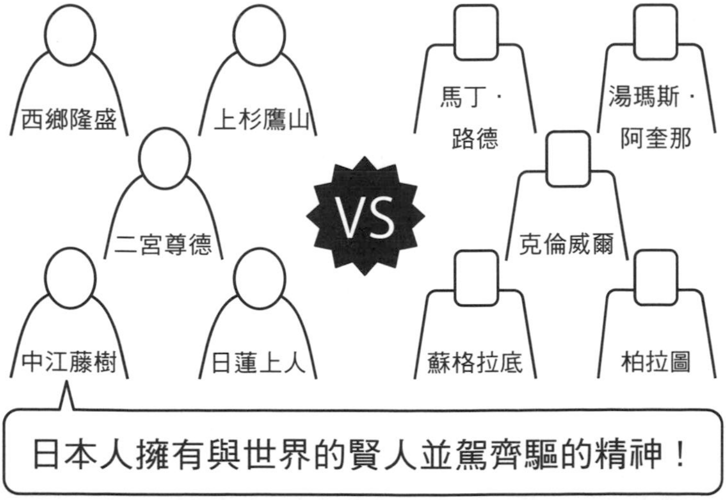

內村接下來介紹的是上杉鷹山。也許很少人知道上杉鷹山的名字。然而，美國第三十五任總統甘迺迪就曾說過上杉鷹山是他所尊敬的日本人。這麼說來，身為日本人卻不認識上杉鷹山似乎就有一點說不過去了。

鷹山是出羽國米澤藩的第九代藩主，他於明和四年（一七六七）就任藩主。當時正是老中田沼意次大權在握的年代。

米澤藩上杉家的藩祖是戰國時代的武將上杉謙信，屬於名門大家。然而，在鷹山就任藩主的時期，藩的財政正面臨破產的危機。在鷹山徹底節約和武士歸農、開發新事業的政策之下，終於重建了米澤藩的財政。他同時推動產業改革、重振藩校以提高知識水準、開設醫校，以及廢止公家許可營業的娼婦（公娼）等，積極推動社會改革。

就像這樣，鷹山以勤儉福祉的治政方式改革了米澤藩。內村將鷹山改革完成的米澤藩比喻成基督教徒所言的「天之王國」（天國）。

接下來是被稱作「農民聖者」的二宮尊德，通稱金次郎。尊德貫徹仁愛、勤勉以及自助的品德，接二連三地振興了貧困潦倒的村落，也因此為人所知。

然而，尊德的仁愛並非金錢的援助或是免除稅賦，靠自己的力量解除貧困是尊德的作法。單純的援助只會助長人們的怠惰之心，因此尊德徹底推行勤勉與自助。內村從這樣的尊德身上，看到了清教徒*1的精神。

第四位的中江藤樹也許也很少人知道。他是被稱作「近江聖人」的儒學家。中江非常重視對雙親盡「孝」，尤其他把對母親的孝看得比自己的前途還重要。另外，比起學問與知識，中江更看重品德與人格。內村在文章中把他與蘇格拉底和柏拉圖相比較，並稱讚中江藤樹是最重視品德的人物。

最後一位是日蓮宗的始祖——日蓮上人。日蓮最著名的就是以鬥爭的態度挑戰舊有的佛教。內村將日蓮與著名的宗教改革者——馬丁・路德相比。馬丁・路德仰仗的是聖經，對於日蓮而言則是法華經。

就像這樣，內村列舉了外國的賢人與五位具代表性的日本人相比較。並強調，日本的代表人物具有的精神與行動可與西洋的偉人並駕齊驅。如何呢？關於這一點，大家有沒有想起些什麼呢？

沒錯，正是內村的盟友——新渡戶稻造在《武士道》中展現的態度。新渡戶

*1：英文為puritan。主張徹底進行宗教改革的新教各派的總稱。

強調日本人骨子裡的武士道可以與西洋的精神並駕齊驅，甚至超越西洋精神，藉此展現日本人優秀的一面。內村的《代表的日本人》也統一這樣的主軸。

「坂上之雲時代」的三大英文日本論

之前提到，內村的《代表的日本人》於明治四十一年（一九〇八）出版，但在此之前的明治二十七年（一八九四），內村發表了名為《日本與日本人》的著作。事實上，《代表的日本人》正是這一本書的第二版。

若將至今為止所介紹、用英文寫成的日本論以時間排序，分別是①《日本與日本人（代表的日本人）》（明治二十七年）、②《武士論》（明治三十三年）、③《茶之書》（明治三十九年）。

所有的出版時期都介於中日甲午戰爭開戰和日俄戰爭終戰翌年之間，正好處於日本人朝著「坂上之雲」向上爬的年代。為此，這三本書可說是「坂上之雲年代」的三大英文日本論。

讓我們再次回到一開始的那一個問題。

身處現代的我們會推舉誰當作日本人的代表呢？

如果回答不出這個問題，那就代表日本沒有值得向世界驕傲的人，或是不知道這樣的人存在，想一想似乎有些悲哀。假設真的是這樣，那麼不妨讀一讀《代表的日本人》，當作回答這個問題的參考。

重點掌握

- 日本人在「坂上之雲時代」以英文撰寫的三大日本論之一。
- 透過日本的代表性人物，向世界展示日本人值得驕傲的精神。

拉夫卡迪奧．赫恩《新編　日本的面容》

深愛日本的男子
又名小泉八雲，赫恩的代表作

又名小泉八雲的拉夫卡迪奧．赫恩有個愛爾蘭人的父親和希臘人的母親，出生於希臘。在英國與法國接受教育後前往美國，生活雖然貧困，但逐漸成為一位知名的新聞記者。之後他又前往法領西印度群島馬丁尼克，在那裡撰寫遊記和小說，逐漸走上作家的道路。

赫恩於明治二十三年（一八九〇）來到日本，之後與日本女性結婚，歸化日本，可見他有多麼地深愛日本。

赫恩的作品當中最著名的是《怪談》，而第一本關於日本的著作則是《日本的面容》。這本著作是自他第一次踏上日本的土地，一直到離開島根縣松江的一年七個月間，針對他的所見所聞寫下的日本印象，共二十七篇。

然而，市面上最容易買到的《新編　日本的面容》僅收錄了十篇代表作，並加了一篇〈序〉。

書中收錄的第一篇〈東洋的第一日〉，正如同其篇名，內容記錄了赫恩於明治二十三年四月四日，第一次踏上日本時的所見所聞。赫恩寫道：「我已深深著迷。那天所見的美景令人驚嘆，讓我失去了平常的冷靜」。他從第一天開始就對這個未知的國家──日本充滿深深的期待。

四個月後，赫恩以英語教師的身分，任教於島根縣尋常中學。他在〈神選之國的首都〉章節中，記錄了對島根的第一印象。

根據赫恩的記述，早晨從搗米聲中清醒，打開窗戶，眺望眼前流動的大橋川。之後又聽到拍手祭神的聲音，這樣的聲音愈來愈多，此起彼落。

「祈禱是獻給佛教傳來之前支配這個豐葦原之國的古代眾神，以及現在仍坐鎮在八彩雲下出雲之國的眾神。」

寫下「八彩雲」的赫恩在出雲遇到了小泉節子，與她結婚後改名小泉八雲。不用說，名字的「八雲」出自出雲的枕詞。

貫穿赫恩文章的是對日本的自然、人們，以及習慣的全面讚美。然而，這也不免讓人覺得《日本的面容》過度美化了日本。

當然，不是所有來日本的外國人都像赫恩一般深愛日本。例如法國的小說家皮耶·羅逖（Pierre Loti），他似乎無論如何都無法喜歡上日本和日本人。

明治十八年（一八八五）來日本的羅逖獲邀參加鹿鳴館的舞會，但他卻是如此描繪那些舞會上身穿燕尾服的男士和禮服的女士。

「我也不知道為何，但在我眼中，他們無論何時都很像人猿。（中略）那微笑時上挑的眼角、向內彎曲的腿、扁平的鼻子，她們看上去就是有些奇怪。」（《秋天的日本》皮耶·羅逖著，村上菊一郎、吉永清譯／角川書店）

對日本讚不絕口的赫恩與貶低日本的羅逖，真想聽一聽他們兩人關於日本會有什麼樣的對話。

●書籍介紹

《新編　日本的面容》

拉夫卡迪奧·赫恩著，池田雅之譯
角川Sophia文庫（2000年）
※文中引用內容出自該書。
繁體中文版：
《不為人知的日本面容》遠足文化

●作者

拉夫卡迪奧·赫恩（1850～1904）

Patrick Lafcadio Hearn，日本名為小泉八雲。作家。生於希臘，在美國成為新聞記者，來日本後歸化日本國籍。

Chapter.

2

探討日本人的心理

04

《禪與日本文化》

將「ZEN」推廣至世界的禪學思想入門書

100字摘要

為了讓外國人更容易理解，作者用英文闡釋禪學思想。本書是譯自英文的版本。內容從說明禪的基本思想開始，詳細闡述禪的精神如何影響美術、武士、劍道、儒教、茶道、俳句等各種日本文化。

《禪與日本文化》
鈴木大拙著，北川桃雄譯
（岩波新書／1940年）

作者◉**鈴木大拙**

1870～1966。佛教學者。名貞太郎，道號大拙。在東京帝國大學求學時開始對禪學產生興趣。赴美後在出版社工作的同時，也透過英文用簡單易懂的方式來介紹禪學思想。

認識禪的本質

上一章介紹的每一本書都是用英文寫成，現在介紹的這一本《禪與日本文化》也是為了讓外國人認識禪學思想而以英文撰寫。本書於昭和十三年（一九三八）出版，作者是將禪學思想推向世界的鈴木大拙。

《禪與日本文化》的架構非常清晰。大拙和尚開頭寫了一章〈禪學的入門知識〉，向讀者說明禪學的基本思想和基本精神。可說是用「鷹眼」宏觀整體。

第一章之後，大拙和尚列出了具代表性的六大日本文化進行論述，這六大主題分別是「美術」、「武士」、「劍道」、「儒教」、「茶道」、「俳句」。內容闡述禪學對於這些日本文化有著什麼樣的影響，也就是用「蟲眼」微觀檢視。

對於禪學的門外漢而言，最想知道的想必是「到底什麼是禪？」這就是《禪與日本文化》第一章闡述的內容。

禪是佛教的型態之一，信奉的是大乘佛教。然而，隨著佛教的發展，充斥著對於佛陀教誨的表面見解。大拙和尚認為，禪學是去除這些表面的見解，直接正視佛陀的根本精神。

此外大拙和尚還斷言，「般若（睿智）」和「大悲（大的慈悲）」為佛陀的根本精神。

「般若」指的是超越的表象，抓住事物本質的境界。大拙和尚用「超越的智慧」這個稍微艱澀的詞彙來表達這一種境界。

我們如果得到般若，則可以頓悟人活在這個世上最根本的意義。如此一來便不會被個人的利益和痛苦所擾，能夠愛萬物。這一種態度正是「大悲」。

也就是說，達到「般若」這種頓悟的境界，便可以用大愛來對待世間萬物。大拙和尚將這種想法視為是佛陀的基本精神。

理論上當然是如上所述，但如果說這樣就了解禪學，恐怕會被大拙和尚斥責。會這麼說是因為，禪的修練法為「親身體驗，不訴諸理智作用或是有系統的學說等[*1]」。

說到底，禪學是「不立文字」，也就是說不仰賴話語。話語是代表實體的東

*1：鈴木大拙著，北川桃雄譯《禪與日本文化》（岩波新書，一九四〇年）P7

西，並非實體本身。

為此，禪是透過個人的體驗，用直覺性的理解方式來認同實體。方法之一就是「坐禪」。也就是說，般若和大悲就算話語已盡，但卻依舊無窮無盡。若想要真正地理解，只能透過親身體驗。這就是禪的思想。

禪式的世界觀

大拙和尚接下來針對禪帶給日本人的影響，考察日本人擁有的禪式世界觀和對事物的看法，整理出了下列七項（參考下圖）。

關於般若和大悲，想要親身體驗是一件非常困難的事。話雖如此，但在我讀到上述圖表列出的

●禪式七大世界觀

1. 禪將焦點放在精神面，不重形式
2. 禪在任何形式中都努力尋求其精神
3. 不完整或是有缺陷的事更能表達精神
4. 剖析去除形式、慣例、儀式的精神面，回歸寂寥與孤獨
5. 超越一切的孤絕是清貧、禁慾
6. 孤絕是無所執著
7. 如果將「孤絕」理解成「絕對」，
   那麼它就是沉寂於森羅萬象之中，
   從卑賤的野間雜草，
   一直到自然界所謂的最高形態為止。

參考資料：根據鈴木大拙《禪與日本文化》製成

①~⑦項時，我感受大拙和尚提出對事物的禪學觀點，對於我們日本人而言，不但非不尋常，反而非常親近。

如果大家也與我有相同感受，那就表示我們也曾體驗過這①~⑦項，也就是說，我們自然而然地對大拙和尚所言的「禪式世界觀」、「對事物的禪學觀點」感覺非常親近。在這一層意義之下，禪的精神建構了日本人的性格這種說法確實沒錯。

事實上，到目前為止介紹的內容都是以《禪與日本文化》的第一章為基礎，占整本書的不到一成。

接下來大拙和尚用禪的基本思想與①~⑦的處事方式來思考日本文化，這也是《禪與日本文化》第二章起的內容。

例如，看到〈禪與美術〉這一個章節，大拙和尚提到起源於南宋大畫家馬遠的「一角」畫法是用少量的筆觸描繪物像，這一點吻合禪的精神。另外，大拙和尚也從一旦下定決心就心無旁騖、勇往直前的武士精神中，看到了重視行動的禪學精神。他還說，在無的境界中與對手對戰的劍道中，存在著經歷危機而生的禪學精神。

此外，大拙和尚還主張將事物單純化，除去一切不必要成分的禪學思想，與重視「侘」、「寂」的茶道息息相關。同時，頓悟禪的時候，不需要依賴意念來達到真理。捨棄有意識的努力，交託給無意識的作用，就可以達到。大拙和尚認為，俳句的藝術性就是在這種無意識的情況下成就出的結果。

當然，所有的日本文化都可以與禪的思想連結，這樣的說法似乎言過其實。然而，在看過大拙和尚的著作後，環顧四周，應該可以發現，許多平時不以為意的事情，其實都與禪的思想息息相關。

重點掌握

- 禪並非話語，藉由坐禪等個人的體驗，用直覺性的理解找到真理。
- 禪式七大世界觀（P49）是理解禪世界的重要關鍵字。

05

《弓與禪》

德國哲學家在學習弓道時體會到的禪學思想

100字摘要

從大正末期至昭和初期待在日本的德國哲學家，修習了弓道。本書是這一位德國哲學家闡述他從學習弓道6年的經驗當中，體會到如何克服矛盾的禪學思想。

作者◉**奧根．海瑞格（Eugen Herrigel）**

1884～1955。德國哲學家。受聘至東北帝國大學（現在的東北大學）教授哲學和古典。在日本期間學習了弓箭，向世界介紹弓道與禪的關係。

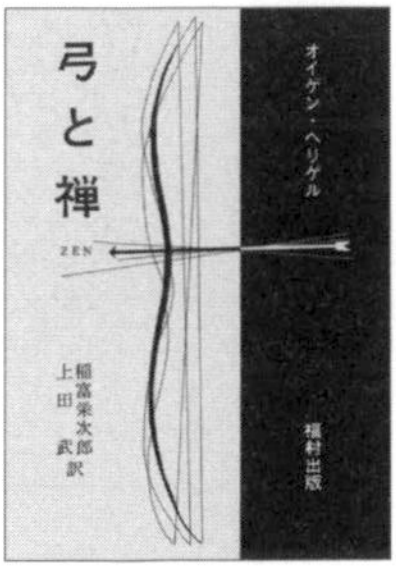

《弓與禪》
奧根．海瑞格著
稻富榮次郎、上田武譯
（福村出版／1981年）
繁體中文版：
《箭術與禪心》心靈工坊

神秘思想引人入勝

德國哲學家奧根・海瑞格於大正十三年（一九二四）至昭和四年（一九二九）期間，在東北帝國大學教授哲學和古典。住在日本的這六年，他學習了弓道。這一本《弓與禪》便是記錄他當時體驗的著作。

來到日本的海瑞格希望進行他自從學生時期就非常有興趣的禪學修行，然而他卻找不到老師。以「重視理論思考的西洋人，怎麼可能修行禪」為由，沒有人願意從頭教他。

他的朋友於是建議他，若沒辦法直接學禪，那麼不妨學習與禪有關的日本技藝。海瑞格認為他過去步槍和手槍的射擊經驗可以派上用場，便選擇學習弓道。

在記錄這一小段插曲之後，《弓與禪》便開始描述海瑞格在修行弓道時的各項體驗。

根據海瑞格的紀錄，弓道的修行大約可以分成三個階段，分別是①拉弓、②

放箭、③射向目標。

「拉弓」指的是拉弓上的弦，這需要非常大的力氣，一開始海瑞格用盡全力拉弓。然而，他的師父卻教他不可以用全身的力量。師父說不要使用全身的力量，僅將拉弓的工作交託給雙手，手腕和肩膀的肌肉徹底放鬆，彷彿它們只是旁觀者似的。

使力和放鬆明顯是相互矛盾的兩件事。當然，海瑞格聽完師父的話，完全不知所措。

海瑞格光是拉弓的修行就花了一年，之後才邁向第二階段的「放箭」，指的是放開弦的瞬間。海瑞格是有意識地放開弦，然而師父卻又教導他不要刻意鬆開右手。

如果不鬆開右手，又怎麼能「放箭」呢？這又是另一種矛盾。就好像是禪的問答一般。這又讓海瑞格不知所措，不斷地從失敗中學習，終於讓他得到了下面的結論。

只能從經驗中學會的東西，又何必靠思想去預測呢？現在不正是時候拋棄這種無結果的習慣嗎？[*1]

海瑞格的這一種想法對照了「不立文字」（參照P49）的禪學精神。海瑞格一直以來都在等待這一刻的來臨。

海瑞格第一次做出讓他滿意的「放箭」時，他的感動不言而喻。這距離他開始學習箭術，已經過了三、四年的時間。有一天，海瑞格射出一箭，師父深深地鞠了一個躬，中斷練習。

海瑞格一開始不知道發生了什麼事。但從師父的話語和態度中發現，自己已經做到了「放箭」。師父是這麼對他說的：

「剛剛你在張力最高點的時候保持了完全無我與無所求的狀態，於是這一箭就像是一個熟透的水果般從你身上自然掉落。」[*2]

海瑞格在書中寫到他當下有著說不出的喜悅。然而，他的喜悅僅維持了很短的時間，馬上又遇到了新的難題。在下一個階段的「射向目標」中，師父命令他

*1：奧根・海瑞格著，稻富榮次郎、上田武譯《弓與禪》（福村出版，一九八一年）P61

*2：奧根・海瑞格，前述書P94

必須除去腦中的靶心。應該看的不是靶心，而是無心、無我的境界。

遭遇瓶頸的海瑞格，有一天他看到師父在黑暗中放出的兩支箭，不偏不倚地射中靶心。這個經驗成為了他的一大轉折點，此後，海瑞格除了在「拉弓」、「放箭」之外，對於「射向目標」也不再執著。之後，海瑞格在接受段位審查的考試之後，離開生活了六年的日本。

不射之射與揚棄哲學

在閱讀海瑞格的體驗記時，應該會有人聯想到中島敦的短篇小說《名人傳》。短編當中寫到一個名為紀昌的男子努力修行箭術，終於修得了「不射之射」，也就是不射箭就能射中。

中島將「不射之射」的日文發音寫作「Fushanosha」，但如果念作「Fuinoi」則可寫成「不為之為」，與「為無為」相通。「無為之為」是《老子》第三章中著名的思想。「無為而無不為」雖然極為矛盾，但道理與「不射之射」相同。

關於老子等的道教對於禪學有著多大的影響這一點，岡倉天心的《茶之書》（BOOK02）中有詳細的說明。海瑞格的體驗也非常接近道教，也就是禪學。關於相互矛盾的事物如何同時存在，也就是理解「不射之射」。

說到這裡，德國哲學中有名為「aufheben」的思想，一般翻譯為「揚棄」，意指用更高的層面來解決相互矛盾的對立。如此說來，海瑞格在日本經歷的「弓與禪」可說是「揚棄」的親身體驗。

如果從這一個觀點閱讀本書，那麼閱讀本身其實就近似於在體驗禪或是揚棄哲學，想必在閱讀的過程中會有不一樣的感受。

重點掌握

- 必須親身體驗的事情，就算當作一種知識理解也會不得其門而入。這就是禪所說的「不立文字」。
- 親身體驗過程中會突然頓悟。想到達到這個境界，只能透過修行，耐心等待。

BOOKS

06

所謂人生，
就是充滿苦惱的地獄。
人們面對地獄的時候，
會孕育出卓越的文化

《地獄的思想》

100字摘要

這是梅原猛的第一本著作。釋迦牟尼視人生為苦，如果將痛苦的人生解釋為地獄，那麼佛教思想的根源便潛藏著地獄的思想。本書從這個觀點出發，探討地獄思想帶給日本文化什麼樣的影響。

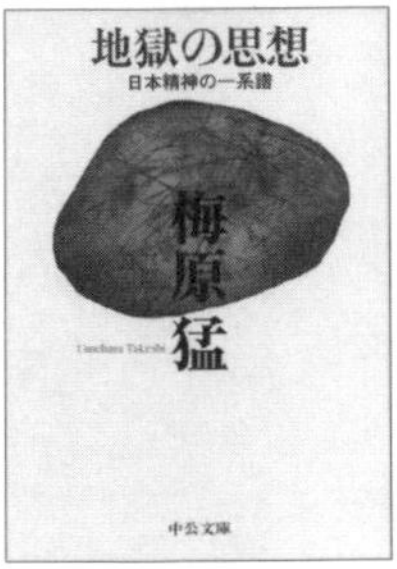

《地獄的思想》
梅原猛著
（中公文庫／1983年）

作者◉**梅原猛**

1925～。哲學家。曾任立命館大學教授、國際日本文化研究中心所長等。在文學、歷史、宗教等領域中都有活躍的表現，立志確立「梅原日本學」。

所謂的地獄就是苦惱

本章首先舉出兩本與「禪」有密切關係的日本文化論。

不知道大家覺得如何呢？想必一定有人覺得「好像非常陌生」。這是因為，當我們檢視自己的日常生活時，大多數的人距離禪的世界都非常遙遠。

有一則這樣的小故事。有一天，一位外國人為了研究禪學精神來到日本，在拜訪著名大學的人文科學研究所時，向所長提問：

「這個研究所有多少人受到禪的影響？」

所長回答道：

「恐怕一個人也沒有」

聽到這樣的回答，這位外國人感到非常驚訝。

覺得「好像非常陌生」的人在聽到這個故事時，想必點頭稱是。

當然，本文目的不在藉由這個故事，來否定禪學思想帶給日本文化的影響。

只是提出「日本文化除了禪之外，還有受到其他思想的影響」。

而這裡本篇介紹的哲學家梅原猛也有同樣的想法。梅原猛尤其將焦點放在禪學傳入之前的日本文化，尤其注重在此之前的佛教帶給日本文化的影響。當中的關鍵字正是「地獄思想」。

將平安佛教視為貴族佛教的說法，不過是明治時代後的一般定論，是種宗教上的獨斷。以天台宗為主所培養出的地獄思想，滲透進日本人精神生活的深處，也因此孕育出了卓越的文學和繪畫。[*1]

這是收錄在梅原的論文〈針對日本文化論的批判性考察〉中的一段話，最早於昭和四十一年（一九六六）提出。之後，梅原的第一本著作《地獄的思想》問世，這是昭和四十二年（一九六七）的事。因此，梅原一直以來都視「地獄思想」為關鍵字，而《地獄的思想》也是在此基礎之下發展。

那麼，梅原所說的「地獄思想」究竟是什麼呢？

根據梅原的說法，「地獄」是苦惱經過純粹化、客觀化的世界。我們就此單

＊1：梅原猛《梅原猛著作集三：美與宗教的發現》（集英社，一九八二年）收錄〈針對日本文化論的批判性考察〉P37

純地將地獄視作是「由苦惱構成的世界」。

若從客觀的角度來看這個「由苦惱構成的世界＝地獄」，從中應該可以發展出某種思想，一般而言，發展出的就是「地獄思想」。

有一個人曾經非常嚴肅地面對這個地獄，這個人就是佛陀，即釋迦牟尼。

梅原認為，釋迦牟尼並非積極地論說地獄，但他將人生視為苦，認為苦惱最大的原因是欲望，主張要消滅這些欲望。釋迦牟尼雖然沒有積極地論說地獄，但他認為這個世界是苦的世界、是由苦惱構成的世界，這樣的釋迦牟尼事實上才是真正面對了地獄，進而發展出了地獄的思想。

佛教思想的發展

以此地獄思想為基礎的佛教，帶給日本文化極大的影響。若想闡明對日本文化的影響，那就必須探討日本佛教各派的共通原理，去觀察如何影響日本文化。

面對這樣的難題，梅原提出，貫穿日本思想（一般的思想，非佛教思想）的原理共有三種。

分別是「生命思想」、「心靈思想」、「地獄思想」。梅原從佛教的歷史切入，分析佛教如何帶給這三種思想極大的影響。

事實上，釋迦牟尼自己並沒有寫下任何書籍。各種佛教的經典都是在釋迦牟尼入滅後，由他的弟子，或是弟子的弟子們所編纂。這些並非來自釋迦牟尼的純粹教誨，而是含有下筆者自己的意見在內。這樣的經典數量非常龐大，而內容也千差萬別。

例如，平安時代（七八四~七九四）流行的密教就深受讚美生命的印度教影響。日本信奉崇尚自然的神道，而這個密教在此基礎下紮根，發展出空海的「真言密教」。

另外，同樣是平安時代，最澄繼承天台智顗的教誨，將重點放在人類的苦上，希望能從煩惱中獲得解脫，這種想法逐漸發展成「天台宗」。

就像這樣，肯定生命的真言密教和否定生命的天台宗，兩種不同的佛教派別同時在平安時代發展。注意到這一點的梅原認為，安逸地讚美「生」的真言和凝視內心深處陰暗面的天台，這兩種思想非常得到日本人的青睞。

之後，最澄的天台宗又逐漸演進成地獄思想和生命思想。例如，學習天台宗的源信後來寫了一本《往生要集》，發展出極樂淨土的思想，也就是所謂的淨土思想。

這種淨土思想，一直以來都有考慮到與淨土對立的地獄。因此，淨土思想的發展其實也與地獄思想的發展相通。

另外，提到生命思想就會想到日蓮。原先學習天台宗的日蓮，將法華經視為最高教義，發展以釋迦牟尼為中心的思想。然而，他所願的並非淨土，而是如何讓現在過得更好，屬於生命讚歌的思想。

●貫穿日本思想的3項原理

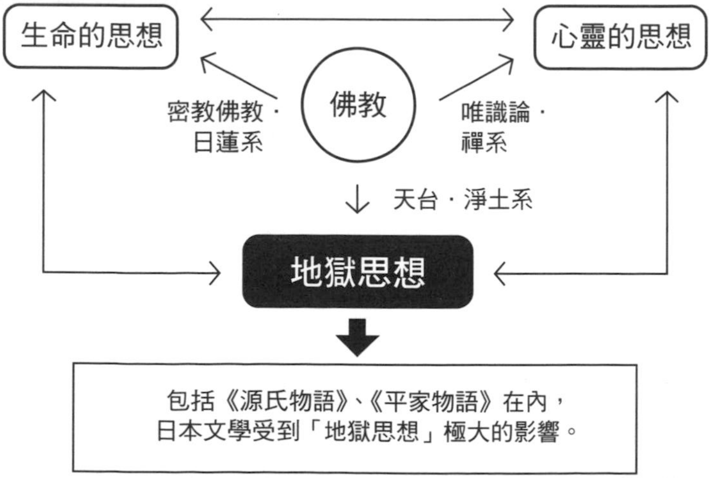

受日本人青睞的思想，不僅是生命思想和地獄思想。自從奈良佛教以來，佛學基礎的「唯識論*2」，將焦點放在人心的問題上。另外，禪的思想也是將重點放在人心的佛教。

就像這樣，梅原主張，假設將鎌倉時代之後的佛教分為日蓮宗、禪、淨土宗，那麼這三種佛教或許可以分別歸類為生命思想、心靈思想、地獄思想。

認真面對苦惱的日本人

這裡希望讀者注意的是，梅原主張禪也不過是佛教思想之一的說法。他的立場是「日本文化也有受到除了禪之外的其他思想影響」。為了進一步闡明這一個主張，梅原說明地獄思想在日本文學上所扮演的角色，藉此證明禪以外的佛教對於日本文化有著深遠的影響。

例如，紫式部的《源氏物語》。一般將《源氏物語》看作是「物哀*3」文學，而梅原則從中看出當時最流行的天台佛教和真言佛教對這部作品的影響。

＊2：所有的物和現象並非真實存在，因人心認識所以才存在。

＊3：編註 由日本江戶時代國學的集大成者本居宣長所提出的文學概念。代表了一種人對事物所產生的感觸，即觸景生情、感物生情。

又或是《平家物語》。梅原從中看到的並非一般大眾所言的「無常」文學，而是六道的文學。他認為，《平家物語》是在現世這個地獄追求極樂淨土的地獄文學。

另外包括世阿彌、近松門左衛門、宮澤賢治、太宰治等，從中世紀至近代的文學作品，梅原都從中看到地獄思想的影響。他主張，日本文學之所以會如此受到地獄思想的影響，代表日本人非常認真面對生命中的苦惱，因此應該要更加珍惜這樣的傳統。

在思考日本文化的時候，不能夠忽略佛教的影響。而在探討禪以外的佛教對日本文化的影響時，《地獄的思想》可以提供參考。

重點掌握

- 釋迦牟尼的佛教視人生為苦，其根本為面對「充滿苦惱的人生＝地獄」的「地獄思想」。
- 地獄思想是用認真面對苦惱的真誠態度，帶給日本的思想和文化極大的影響。

BOOKS

07

《遠野物語》

獻給變成「外國人」
的日本人。
山神與山人的傳說

100字摘要

曾任明治政府高官的作者，記錄了住在陸中遠野的佐佐木鏡石口述的山神與山人的傳說。傳承御白神、家神、座敷童子、河童、山姥等被日本人遺忘的故事。

《遠野物語．山的人生》
柳田國男著
（岩波文庫／1976年）
繁體中文版：
《遠野物語・拾遺》
聯合文學

作者◉**柳田國男**

1875～1962。民俗學家。曾任政府官吏等要職，後來進入朝日新聞社，離職後以民俗學家的身分專心展開研究生活。同時也是有名的新體詩人。

山神山人的傳說

柳田國男在代表作《遠野物語》扉頁寫道：「本書獻給在外國的人們[*1]」。乍看是普通的一句話，但從不同的角度看來，這是一句意義非常深遠的話。甚至可以大膽地說，柳田國男希望透過《遠野物語》傳達的訊息，幾乎全都濃縮在這一句話裡。

這一句話為什麼這麼重要呢？接下來將以「本書獻給在外國的人們」這一句話為線索，解讀柳田的《遠野物語》。

柳田畢業於東京帝國大學，之後進入農商務省，邁向平步青雲之路。另一方面，他對於民俗傳承非常有興趣，於明治四十二年（一九〇九）寫下第一本關於民俗傳承的作品。

同年，柳田造訪了陸中上閉伊郡的遠野（現在的岩手縣遠野市）。柳田在此遇到了致力收集當地傳說和民俗故事的佐佐木鏡石（喜善）。柳田日以繼夜地聽著佐佐

*1：柳田國男《遠野物語・山的人生》（岩波文庫，一九七六年）扉頁

木講述流傳於遠野當地的各種傳說。《遠野物語》便是將這些傳說整理出版而成的著作。

柳田在相當於《遠野物語》的〈前言〉中如此寫道。

仔細想想，遠野有數百件關於這一類的故事。我們深切希望能夠聽到更多。在比遠野更深入的國內山村裡，應該還有無數關於山神、山人的傳說。希望能夠透過這些故事來震懾平地人。[*2]（加重語氣出自引用之原書）

如同柳田所述，《遠野物語》接下來的篇幅便開始描述流傳於遠野的山神山人傳說。下面介紹幾則傳說。

家神（OKUNAISAMA）　每一個村落的宗家都會祭祀，是帶來幸福的神明。

在某一個插秧的農忙時節，有一個身材矮小的小孩突然出現在田裡幫忙插秧。工作結束後，農民原本想請他吃一頓飯，但卻不見他的蹤影。

「回家後發現，緣廊上有許多沾滿泥土的小腳印，慢慢進入屋內，一直到供

*2：柳田國男，同前書 P7

奉家神的神台前為止。打開神台的門一看，神像自腰部以下都沾滿了泥土。」*3

座敷童子 有著十二、三歲孩童模樣的神明。據說這個神明會給其所居住的家庭帶來富貴無憂。

有一天，一名男子看到了兩個不認識的女孩。問她們從哪裡來，她們回答是從宗家的山口孫左衛門家來的。又問她們要前往何處，她們說要去遠處村落的宗家。男子認為她們是座敷童子，推斷山口家不久後勢必會家道中落，果不其然。

「之後過了沒多久，這個家的主僕二十幾人因中了菇類的毒，所有人在一天內全部死光，只剩下一個七歲的女孩，而這個女孩到老都沒有子女，最近因病去世。」*4

山姥 深山鬼婆。

有一天，一對父母為了幫女兒辦嫁妝，而把女兒留在家裡出門採買。這時山姥出現吃掉了女兒，並假扮成女兒的樣子。不知情的雙親讓女兒備好嫁妝騎上馬。這時家中的雞突然拍著翅膀開始鳴叫。

*3：柳田國男，同前書 P23

*4：柳田國男，同前書 P25

「聽起來就好像是在說上面坐的不是小姐，是山姥，咕咕。雞不斷重複相同的鳴叫，雙親這才發現，把山姥拉下馬殺了。後來他們在糠屋[*5]的角落找到了女兒的遺骨。」[*6]

「在外國的人們」代表的三重涵義

其他還有許多有趣的傳說。

那麼，這些傳說與柳田一開始所寫的「本書獻給在外國的人們」有什麼樣的關聯呢？

重點在於「在外國的人們」，我認為這背後具有三層意義。

首先，照字面上的意義，指的是外國人。對於外國人而言，遠野是異邦。柳田希望外國人也能夠知道在這個異邦流傳、世界少見的傳說。這是第一層意義。

另外，柳田在〈前言〉中寫道「希望能夠透過這些故事來震懾平地人」。可以將平地人視為住在都市的日本人。也就是說，對於當時住在都市的人而言，遠

*5：倉庫。

*6：柳田國男，同前書P74。雞在鳴叫「上面坐的不是小姐，是山姥」的前一天，曾經鳴叫「快去糠屋的角落看看，咕咕」。因此女孩的雙親才會去查看糠屋的角落。

野已經成為了異邦。因此，「在外國的人們」也可以解讀成當時住在都市的日本人。這是第二層意義。

接下來，即便同為日本人，從現代日本人的角度看來，遠野物語中當時的遠野可謂是異邦。也就是說，柳田以《遠野物語》會一直傳承下去為前提，將後世人們，也就是現代的日本人涵蓋在「外國的人們」的範圍內。這是第三層意義。

我認為柳田將本書獻給上述這三層意義的「外國人」。而現代的我們以「外國人」的身分翻開《遠野物語》，想必能夠從中找到被遺忘的「異境」。

重點掌握

- 民俗學家柳田國男將遠野人——佐佐木鏡石的口述傳承記錄下來。
- 柳田希望透過本書，將逐漸消失的傳說留給異邦的外國人、當時的都市人、以及現代的我們。

BOOKS

08

《被遺忘的日本人》

「周遊的民俗學家」描繪逐漸失去的庶民生活文化

100字摘要

作者是一位民俗學家，為田野調查而走遍日本全國每一個角落。本書介紹他從平凡老人口中聽到與生活密切相關的故事，記錄了建立起今日文化的庶民力量，是在什麼樣的人際關係和環境之下產生。

作者◉**宮本常一**

1907～1981。民俗學家。自昭和8年（1933）起走遍日本全國各地，用自己的眼睛觀察庶民的生活，用自己的耳朵聆聽庶民的故事，並用大量的文字和照片將這些記錄下來。

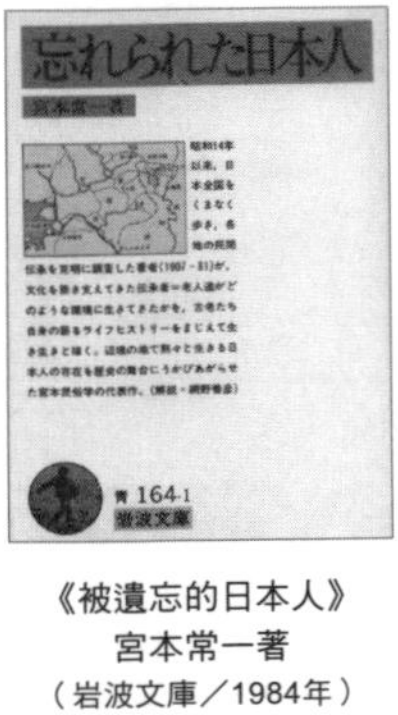

《被遺忘的日本人》
宮本常一著
（岩波文庫／1984年）

甚至不在傳承範疇的庶民文化

鈴木大拙站在宗教家的立場，看到了「禪」對於日本人心理的深層影響；而梅原猛則是站在哲學家的立場，找出了日本人思想背後，深受佛教影響；另外，柳田國男的工作被稱為「柳田民俗學」，他站在民俗學者的立場，試著挖掘潛藏在日本人精神中的深層部分。

民俗學是在闡明一般庶民的生活文化現狀和變遷的歷史。當中，「民間傳承文化」的調查，是民俗學最主要的手段。柳田的《遠野物語》（BOOK07）使用的便是民俗學中這個最基本的手法。

另一方面，這裡介紹的宮本常一也是一位古今少有、不容忽略的民俗學家。然而，比較柳田和宮本會發現，雖然同為民俗學家，但兩人的志向卻明顯不同。相較於柳田著重收集民間傳說，宮本則著眼於庶民的生活，如實記錄民間傳承範疇以外的庶民生活文化，流傳後世。

尤其令人敬佩的是宮本的採訪能力。宮本自昭和八年起，一直到昭和五〇年代初為止，走遍日本全國的每一個角落，收集民俗學的第一手資料。用自己的眼睛觀察當地人的生活，聆聽他們的故事，並且拍攝照片，他也因此被稱為「周遊的民俗學者」。

宮本採訪功力深厚，非常擅長聆聽。「你啊，不管我們的話有多無聊，你都願意聆聽，所以我們也才願意講啊[*1]」。就像這樣，就連講的人也經常忘了時間，欲罷不能。宮本也因此經常借宿在受訪者家裡。據說每次離開的時候，受訪者一定會跟他說：「下次再來啊」。

昭和三十五年（一九六〇）出版的著作《被遺忘的日本人》，正是宮本透過這樣一步一腳印的田野調查所寫下的傑作。書中所記載的並非民間傳承文化，而是民俗文化傳承者所講述的人生故事，甚至算不上民俗範疇。也正因為如此，才是《被遺忘的日本人》。

然而，透過個人的生活與人生，是否可能從中找出具有普遍性的日本文化和日本人的精神呢？也許有人會有這樣的疑問。既然如此，不如先來介紹《被遺忘

*1：宮本常一《被遺忘的日本人》（岩波文庫，一九八四年）P110

的日本人》其中的一節。

異邦的庶民生活文化

從昭和二十五年（一九五〇）起至翌年為止，宮本參加了九學會連合[*2]以對馬地區為對象所進行的綜合調查。宮本當時造訪了位於對馬西北部的伊奈村。宮本在旅店徹夜抄寫村落借給他的帳簿。

外面月光皎潔，家門前是入海，海另一端的小山清晰可見，微風吹過大海，月光照在海面上波光粼粼。就在那岸邊，旅館的老婆婆整夜織著布。「因為月光特別美……」一邊享受著月光與夜晚涼爽的微風，一邊工作。[*3]

這不過是宮本從投宿的旅館窗戶看到的情景，單純記錄在月光下工作的旅館老婆婆。然而，僅從這一段文字也可以看出，以前的日本人依靠月光徹夜工作。

*2：集合了日本民族學協會、日本人類學會、日本考古學會等人文學系的學會，是個為了促進交流而於昭和二十二年（一九四七）創立的組織。

*3：宮本常一，同前書P18～19

比起現在的路燈，月光的確沒有那麼明亮。然而，在沒有霓虹燈的年代，月光看起來想必是明亮無比。

如果這個記述正確無誤，那麼除了老婆婆之外，一定還有許多人在月光下工作。「在月光下工作的日本人」，這無疑是過去日本人的生活場景之一。《被遺忘的日本人》書中描繪了許多這樣被遺忘的場景。

「性」也是其中被遺忘的一環。實際上，宮本打聽到的許多內容都讓人驚呼連連，過去的日本原來是這樣的啊！

下面介紹幾個例子。

對馬有一個非常會唱歌的老人。這個老人年輕的時候因為會唱歌，所以得到了許多好處。什麼樣的好處呢？

對馬地方從中世紀開始，就有參拜六座觀音像的傳統。男女成群結隊前往參拜，借宿參拜地附近的民家。到了夜晚，村裡的人就會前來與參拜者一同高歌。興致來的時候，甚至會以男女的身體為賭注比個高低。如果女子輸了，那麼就……是的，得與獲勝的男子一起過夜。

剛才說到的老人，因為會唱歌而得到的好處指的就是這個，「一直到明治結束為止，對馬的北端仍持續著這個男女群聚高歌的傳統[*4]」。

另外，古老傳說當中，也經常可以聽到有關以性交為目的的「夜襲」故事。

「現在都聽不到夜襲的傳言。啊，在我們年輕的時候，只要聽到有漂亮的女孩，不辭千里哪裡都去。就連美濃的惠那郡都去了……大概有三、四里[*5]的距離。」[*6]

「跟現在不一樣，只要鑽進被窩，那可就不只是純聊天了……每一個人都是這樣的。」[*7]

上述是兩位老翁的回憶。至於老婆婆的回憶則是這樣的。

「也不知道是怎麼了？」

「我們的碗就是被這些夜襲者打破的……」[*8]

「打破的碗」[*9]是多麼絕妙的形容方式啊！在上一節介紹《遠野物語》的時候提到，以現在的日本回頭看過去的日本時，就算是住在同一個國家，遠野也好像是異邦。從宮本的採訪中聽到老人說起的庶民生活，對於生在現代的我們而

＊4：宮本常一，同前書P32

＊5：編註 一里相當於三．九二七公里。

＊6：宮本常一，同前書P78～79

＊7：宮本常一，同前書P80

＊8：宮本常一，同前書P128

＊9：非洲用「葫蘆」當作女性的象徵，據說他們用「打破的葫蘆」來形容失去處女身的女性。與「打破的碗」有異曲同工之妙。

言，也宛如是異邦。

根據宮本的描述，他們是在田裡工作的時候，大刺刺地談論這些關於性的話題。正如同「早乙女[*10]」這個詞彙一般，田裡的勞動主要都是由女性負責。但她們並不打算安安靜靜地工作，這些女性一邊工作，一邊談論這些關於性的話題來炒熱氣氛。

「我的腳很大，要穿十文三分[*11]的鞋……」

「腳大代表你的穴也很大囉……」

「討厭，我的穴可沒那麼大」

「你想到哪去了，我說的是你的腳印啦」[*12]

聊著這些無關緊要的話題，田裡的工作一下子就做完了。然而，像這樣的庶民生活文化，也被經濟效率化的浪潮沖刷而逐漸消失。

根據宮本的紀錄，當時在二、三年之間，婦女們會組成農耕團體，承接插秧工作的委託。以一反田[*13]一千日圓的價碼，只要填上日期，她們就會前來插秧。

對於田的主人而言，如此可以省下請人和做飯給他們的麻煩。而對受託插秧

*10：編註　意指種田的女性之意。

*11：譯註　約二十四．五公分。

*12：宮本常一，同前書P126～127

*13：譯註　大約相當於現在的十畝。

的婦女們而言，只要插的秧愈多，則收入就會愈多。沒時間聊天。就樣這樣，在田裡的閒聊的場景也很快地消失了。插秧的機械化更加速這種文化的消失。

結果，庶民在經濟層面獲得了勝利。然而，日本人因此失去的東西卻更多。正如宮本書中所寫，以前的日本人並不以插秧這樣的勞動為苦。

如同本書〈前言〉所述，日本文化就好像是「黑暗裡的象」。我們所看到的日本文化當中一定有某些「忘記用燈光照亮」的地方。我認為，宮本可說是透過《被遺忘的日本人》一書，提供了我們關於這部分的線索。

重點掌握

- 宮本常一透過徹底的實地考察，忠實記錄被遺忘的日本庶民文化。
- 當中記錄的是被埋藏的日本文化，應該繼續傳承下去的日本文化。

BOOKS

09

《日本人的傳說與心靈》

從民間故事解讀
西洋的自我
與日本的自我

100字摘要

作者認為古老的民間故事或發生過的事情，是「心」中產生的故事或事件，進而比較西洋的童話和日本的古老傳說，闡明近代西洋的心靈，也就是自我，與日本人的自我有何不同，發展過程又有何不同。

作者◉**河合隼雄**

1928～2007。臨床心理學家。留學瑞士，是第一位取得榮格派心理學分析家資格的日本人。曾任國際日本文化研究中心所長、文化廳長官等。

《日本人的傳說與心靈》
河合隼雄著
（岩波現代文庫／2002年）
繁體中文版由
心靈工坊出版。

用深層心理學分析古老傳說

本章介紹了從禪、佛教、民俗學的觀點分析日本人心理的書籍。然而，既然是探討「心理」，那麼當然必須介紹從心理學的觀點分析「日本人心靈」的作品。下面要介紹的就是河合隼雄所著的《日本人的傳說與心靈》。

專攻榮格心理學的河合，在書中從存在於神話與民間故事中的民族普遍意識，也就是從「集體潛意識的存在」這個角度出發，利用深層心理學來分析日本的古老傳說，尋找潛藏在這些傳說背後的日本人的心靈。

書中河合首先提出的是，西洋人所持的「自我」與日本人的自我大不相同。為了凸顯這樣的不同，河合舉出以「禁忌的房子」為題材的一系列故事，在日本和西洋都可以看見類似的故事。

以「禁忌的房子」為主題的故事，主要都是登場人物對某一個人發出禁止命令。河合在書中舉了西洋的〈忠實的約翰〉故事為例。故事主角的王子打破父親的禁令，克服危險，最終與心愛的女性結婚。也就是西洋童話中經常看到的英雄冒險犯難，最後贏得美人歸的故事。

河合認為，這種故事的模式充分展現出了西洋人自我意識形成的過程。也就是如何在受到強烈父權意識支配的西洋文化圈中，獲得女性柔情（河合稱之為「女性性」）。

從日本的民間故事中看到的女性柔情

相對於西洋，日本的「禁忌的房子」系列故事又是如何呢？河合在書中舉出〈黃鶯之居〉[*1]的故事與西洋童話做對比。

有一天，一個年輕的樵夫在每天都會經過的樹林裡，發現了一棟從未見過的房子。一位美女走了出來，她因為要外出，於是拜託樵夫幫她看家，臨走前特別叮嚀樵夫「絕不可以偷看後院的房子」。

然而，樵夫沒有遵守諾言偷看了後院的房子，並打破了房內的鳥蛋。女子回

*1：以在岩手縣上閉伊郡收集到的故事為基礎寫成的民間故事。

來後知道了這一件事情，隨即化身為「黃鶯」，悲切地嗚咽道：「我可憐的女兒啊，吱吱啾啾……」展翅離去。只剩下樵夫呆立在空無一物的荒野中。

除了〈忠實的約翰〉和〈黃鶯之居〉之外，河合在書中還比較了日本和西洋其他關於「禁忌的房子」系列的民間故事，從中歸納出了包括〈黃鶯之居〉在內的日本型「禁忌的房子」的共通點，以及與西洋童話的相異點。

首先，日本型「禁忌的房子」故事中發出「不准看」禁令的是女性，而女性在故事中佔有極重要的角色，這一點是與西洋童話最大的不同。

另外，日本的故事也不像西洋的故事，沒有克服危險最後抱得美人歸的曲折劇情，這一點也非常不同。日本民間故事的結尾都會讓人覺得「這樣就

●比較日本與西洋類似的民間故事

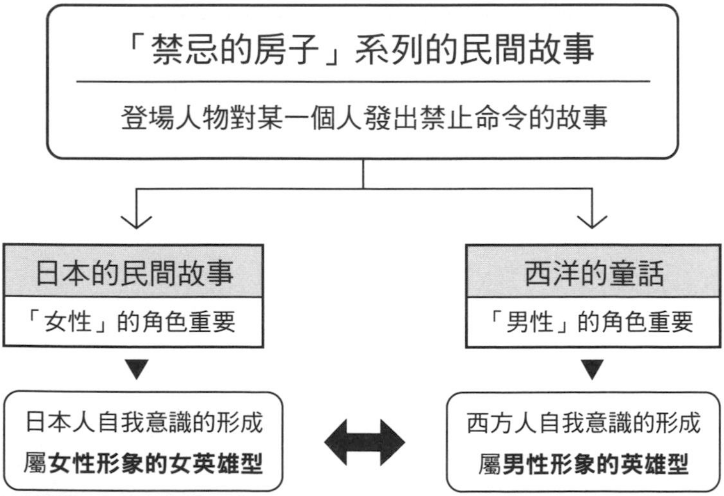

結束了嗎？」

河合根據這些相異點指出，日本民間故事的女性色彩濃厚，歸納出日本人的自我是用女性形象來表現。

此外，日本型女性形象的自我，超越了男女與日常、非日常，達到「無」的境界，與西洋自我意識形成的模式非常不同。

為了進一步說明這種日本型女性形象的自我意識，河合舉出了在〈燒炭富翁〉[*2]故事中登場的女性。

故事當中，女兒接受父親的安排結婚。起初，她忍耐丈夫的傲慢，最後終於受不了而離家出走（忍耐的生活態度）。之後她主動向名為炭燒五郎的男子求婚，成為了他的妻子（積極性）。

另一方面，炭燒五郎是一個才高八斗的人，但卻不自知（潛藏的寶藏）。妻子讓炭燒五郎發現自己的才能，最後兩人成為富翁，過著幸福快樂的日子（點亮意識的燈火）。

日本人的自我不是西洋典型打敗怪物抱得美人歸的英雄，而是「在經歷忍耐

*2：以在鹿兒島縣大島郡收集到的故事為基礎寫成的民間故事。

與生存的考驗之後，轉變成為非常積極的女性，為那些不了解潛藏寶物價值的男性點亮意識的燈火[*3]」。河合指出，這種女性形象才是最適合代表日本人的自我形象。

根據河合的說法，如果可以用男性的英雄形象代表西洋近代的自我形象，那麼日本人的自我形象則可用女性的女英雄形象代表。另外，如果日本的自我形象與西洋不同，那麼發展出的文化當然也就大不相同。從古老的民間傳說也可以看出這一點。

*3：河合隼雄《日本人的傳說與心靈》（岩波現代文庫，二〇〇二年）P313

重點掌握

- 相對於西洋人的自我發展屬於英雄型，日本人的自我發展則可用女英雄型代表。
- 日本人女性形象的「自我」超越日常與非日常，以「無」為目標。這就是日本自我意識發展的模式。

明治時期
外國人眼中的日本

伊莎貝拉・伯德《日本奧地紀行》

英國的女性冒險作家
踏上陌生的日本奧地之旅

明治時期有許多外國的旅行者，也就是所謂的環球旅行家造訪日本。當中最有名的應該就是伊莎貝拉・伯德。

伯德前往偏僻的地方旅行，並將所見寫成遊記，是一位知名的女性冒險旅行作家。她於明治十一年（一八七八）首度造訪日本，之後又多次滯留日本。

伊莎貝拉第一次來日本的時候，便造訪了當時不曾有外國人前往的蝦夷地方（北海道）。

她將旅行中的見聞寫成《Unbeaten Tracks in Japan（日本的未踏之地）》於明治十三年（一八八〇）出版，其中部分內容翻譯成日文，也就是本文介紹的《日本奧地紀行》。

伯德的《日本奧地紀行》之所以至今仍受到歡迎，是因為伯德筆下明治一〇年代初期的東北與北海道，對於身處現代的我們而言就好像是異國世界一般。實際上，當時的人們過的生活是現在的我們所無法想像的。

伯德在某處看到的光景是「年幼的孩童們脖子上掛著護身符，身上沒有穿衣服。他們的身體、衣物、房子都布滿了害蟲。」

由於土地過於貧瘠，陪同的翻譯（伊藤鶴吉）甚至覺得讓外國人看到日本的這一面是一件非常丟臉的事，於是催促伯德離開。

當時，旅客在旅館內根本沒有隱私可言，這一點在明治時期旅遊日本的旅人遊記中也經常可以看到類似的描述。伯德亦是其中一個深受其擾的人。她如此描述其中一間旅館：

「紙門都是洞，常常可以看到有人從洞孔偷窺。隱私是想也不敢想的奢侈。」

而且，旅館經常到半夜依舊喧囂，這一點也有許多外國的旅行者在遊記中提及。伯德也相同：

「家中的噪音愈晚愈激烈，真像是惡魔，凌晨一點都還不停歇。打擊太鼓、鼓以及鐃鈸的聲音，古箏、三味線發出尖銳的聲響。」

遊記中記錄的當然並非全都是不愉快的事情。例如，借宿日光金谷家的伯德，在那裡度過了一段身心放鬆的日子。關於這一段體驗，伯德寫道：「脫離旅館的噪音，在這裡的一片寂靜當中聽到如樂音般的水聲、鳥叫，真是讓人神清氣爽」。順道一提，這裡提到的「金谷家」是現在「金谷飯店」的前身。

一般都將伯德視為是冒險旅行家，走遍日本各地。然而，實際上她也有造訪京都、奈良等觀光地，絕非每次都在進行冒險之旅。《日本奧地紀行》僅有部分紀錄，完整的內容收錄在《全譯本　日本奧地紀行》（平凡社，二〇一二年～二〇一三年），全四卷。

●書籍介紹

《日本奧地紀行》

伊莎貝拉．伯德著，高梨健吉譯
平凡社（2000年）
※文中引用內容出自該書。

●作者

伊莎貝拉．伯德（1831～1904）

Isabella Bird，英國的女性冒險家、遊記作家。另外著有《朝鮮奧地紀行》、《中國奧地紀行》。

Chapter.

3

日本的風土特質為何

《日本風景論》

看看日本的風景！
這正是日本可以
向世界自豪的寶藏

100字摘要

本書於明治27年（1894），也就是中日甲午戰爭開戰的那一年出版。作者在將日本的風景與世界諸國比較的同時，用強烈的筆調主張日本的自然之美擁有值得向世界自豪的特質。另外，本書也被視為是登山的啟蒙書，對於日本登山愛好者也有很深的影響。

作者◉**志賀重昂**

1863～1927。出生於三河國岡崎（現在的愛知縣岡崎市）。地理學家。札幌農業學校畢業後擔任中學教師。自從視察南洋後，開始主張「維護國粹」，創辦雜誌《日本人》。

《日本風景論》
志賀重昂著，近藤信行校訂
（岩波文庫／1995年）

與《代表的日本人》同時期出版

內村鑑三的《代表的日本人》（BOOKS03）於明治二十七年出版，而志賀重昂的《日本風景論》也是在同一年問世。

志賀出生於文久三年（一八六三），明治十七年（一八八四）畢業於札幌農學校。內村與撰寫《武士道》（BOOKS01）的新渡戶稻造是札幌農學校同屆的同學，志賀則比他們小兩屆，在同一所學校求學。

志賀曾任中學教師，明治十九年（一八八六）搭乘軍艦「筑波」，視察紐西蘭、斐濟、薩摩亞、夏威夷等南洋地方。

在這一趟視察旅行當中，志賀看到了盎格魯撒克遜人入侵南洋地方，趕走當地的原住民，表現出一副新主人的樣子。被民族主義點燃的志賀回國後提出「維護國粹」，主張要保護日本不受歐洲帝國主義的侵略。他同時創辦了雜誌《日本人》，並擔任主筆。

著作《日本風景論》也是本著志賀強烈的民族主義思想寫成的作品。志賀在書中讓讀者重新認識日本風景獨特之美，並主張這些都是其他國家所沒有的日本魅力。簡單來說，本書就是從風景解讀的日本論，又或者可以說是日本優越論。

以下來看一看書中內容。

志賀在《日本風景論》一開頭便斷言，「瀟灑」、「秀麗」、「跌宕」是日本風景之美的本質。

「瀟灑」指的是遠離世俗、無牽無掛的狀態。志賀提出，「日本的秋天」最能代表「瀟灑」，而「日本的春天」則可以看到「秀麗」的精髓。

以上提及的多半是季節帶給日本自然的變化，對於我們來說是比較熟悉的內容。而與一般的認知比較有差距的是第三的「跌宕」。「跌宕」指的是「不拘小節。或者，豪放不羈。雄偉」（廣辭苑）。

筍岩聳立在廣大的太平洋上，在大雪和驚滔駭浪之中，一隻信天翁就佇立在岩頂不為所動；北海道沿岸左側是高達數十公尺的峭壁，右側是斷崖，下面則是波濤洶湧的海浪不斷地向上打出浪花。志賀舉出這些景象，當作是「跌宕」的具體例子。

簡單來說，志賀主要想說的是，日本的自然也有粗暴躍動的一面，而這正是相當於第三個本質「跌宕」的美景。

與颱風和火山重疊的東西

志賀另外提出了四點他認為日本之所以可以孕育出獨特美景的理由。分別是①氣候與海流的多樣性；②水蒸氣含量多；③有許多火山岩；④流水的侵蝕激烈。

志賀在〈緒論〉中提出上述觀點，接下來則針對以上四點的理由做出詳細說明。

在形成日本自然美的理由當中，志賀特別強調

●日本風景之美的本質

其一	瀟灑	➡ 日本的秋天
其二	秀麗	➡ 日本的春天
其三	跌宕	➡ 颱風與火山

與勇猛進擊的日本形象重疊

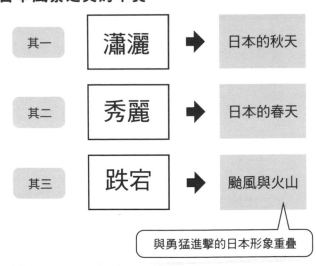

的是「颱風」和「火山」。對於志賀而言，颱風應屬跌宕之最。另外，他又提出，日本的風景之所以美麗，最大的主因就在於火山。

然而，志賀究竟為何如此強調颱風和火山呢？

如果按照字面上的意義，可以看出志賀希望強調日本的自然之美除了有「瀟灑」、「秀麗」等平靜與高雅的一面之外，其實也有像颱風和火山等粗暴「跌宕」的一面。

然而，這充其量不過是表面上的解讀。當時的日本正值中日甲午戰爭的開戰之時。志賀藉由強調颱風和火山，進一步與勇猛進擊的日本軍重疊。

另外，也許是為了誇示日本的卓越性，志賀還將日本的風景與世界各國相比，強調日本的過人之處。然而，這卻給人一種老王賣瓜的印象，令人覺得有點羞赧。

話雖如此，對於明治時代以「坂上之雲」為目標、努力爬上山坡的日本人而言，擁有可以向世界自豪的東西是非常重要的一件事，而其中一項便是志賀提出的「日本的風景」。

書後附錄設有「登山推薦」的章節，寫下登山準備和登山中的注意事項，其中〈露宿的方法〉還以圖解的方式介紹。為此，許多登山愛好者將本書當作是登山的啟蒙書。登山家，同時也是擅長撰寫山岳紀行的文學家小島烏水便深受本書的影響。

另外，身處現代的我們在閱讀本書的時候，也不難發現志賀其實也是自然保護運動的先驅。就像這樣，《日本風景論》在闡述日本風景的同時，還提及了登山和自然保護，真是一本非常奇妙的書。

重點掌握

- 正值中日甲午戰爭開戰時期，內容闡述日本的風景、自然美有多麼地優越。
- 志賀所主張的日本風景之美，其本質共有三項：「瀟灑」、「秀麗」、「跌宕」。

BOOKS

11

《風土》

從風土闡明
日本人的特性、
日本文化的深層

100字摘要

作者將世界的風土分為季風型、沙漠型、牧場型，闡述在各種風土之下生活的人們的特徵。同時主張日本屬於季風型風土的特殊形態，並從精神面、習慣面、文化面闡明日本的特徵。

《風土》
和辻哲郎著
（岩波文庫／1979年）

作者◉**和辻哲郎**

1889～1960。哲學家。留學德國，曾任京都帝國大學（現在的京都大學）、東京帝國大學教授。從近代西洋哲學到東西的傳統文化，執筆範圍非常廣泛。

風土的三種類型

試想「風土」這一個詞彙。「風土」指的是自然環境嗎？

哲學家和辻哲郎認為答案並非如此。根據和辻的說法，「風土」是土地的氣候、氣象、地質、地味、地形、景觀等的總稱，是「人類自我發現的方式」*1。何謂「人類的自我發現」？下面簡單說明這到底是怎麼一回事。

人類必須與自然連結才能生存。為此，人類會慢慢認識到居住的自然環境是冷還是熱，並了解濕氣、風雨等現象，進而創造出衣物或者是火盆，打造出耐得住風雨的家。

就像這樣，人們在與土地特有的自然環境相互連結的時候，會利用各種手段進行開發，孕育出不同的風土。和辻將這一個過程稱作是「自我發現」。人類面對自然環境的「輸入」，經過咀嚼之後「輸出」最適合自己的產物，成為風土，因此風土屬於「自我發現」。

*1：和辻哲郎《風土》（岩波文庫，一九七九年）P17

此外，根據各種不同的條件，人類自我發現的型態有了改變，進一步孕育出宗教、藝術、習慣、風俗等各種固有的風土。因此，和辻認為，風土反映了生活在當地的民族的精神。

和辻是在昭和二年（一九二七）至隔年留學德國時，受到海德格哲學的影響，開始對風土問題產生了興趣。

而這一本於昭和十年（一九三五）年問世的《風土》，正是他從歷史與空間的角度考察世界的風土，尤其又從空間方面看到的風土特徵，考察日本和日本文化後寫成的作品。

因此，書中和辻主要的考察對象並不是自然環境，而是反映在民族精神上的風土。另外，和辻還將重點放在孕育出這些風土的人們所擁有的特徵上。

面對這一連串的工作，和辻從決定風土的類型開始著手。然而，如果要將類型細分，那可能會沒完沒了，因此，和辻大膽地將風土分成三大類型：

①季風型；②沙漠型；③牧場型。

「季風」指的是產生於熱帶地方的季節風。以地域來看，主要是從印度開始的東亞沿岸一帶，日本和中國也屬於季風的地域。

接下來是「沙漠」，指的是存在於阿拉伯、非洲、蒙古等地的特殊環境，其特徵是綿延不絕的沙海。

第三的「牧場」是德文的「wiese」，指的是土地上生長的草可當作家畜飼料，也就是草原。和辻用「牧場（wiese）」來代表歐洲風土的特徵。

從各種風土中看到的人之存在

接著，和辻針對這三種風土，描繪各地人類的特徵與生活，非常引人入勝。

首先是居住在季風地區的人們。季風氣候特有的濕氣與暑熱雖然令人難以預防和忍受，但也因為氣候濕潤而草木茂盛，動物繁殖。和辻認為，人們因此對於自然沒有抵抗之心，給予包容。

另外，濕潤會以大雨、暴風、洪水的姿態襲擊人們。在自然的威力之下，人們卻依舊甘於放棄對抗，加以容忍。就像這樣，和辻主張，居住在季風地區的人們一般而言都屬於包容、忍耐的。

接下來是居住在沙漠地區的人們。他們與自然屬於對抗，甚至是戰鬥的關係。另外，他們為了對抗而團結，和辻因此認為，居住在沙漠地區的人們傾向服從於組織。

會這麼說是因為，在乾燥的沙漠當中，自然隨時威脅著人們的生命。如果只是默默地等待，那麼迎接的就只有死亡。為此，人們必須步行尋求草地或泉水，同時為了生存，不時會為了爭奪糧食而發生衝突。因此，沙漠的人們只能走向戰鬥型、組織型。

這一點似乎一直到現在都沒有改變。

最後是居住在牧場地區的人們。他們只要經過一次開墾，就可以在順從的土地上一直生活下去。因此，自然並不是他們爭鬥的對象。在這種順從的自然環境之下，很容易就可以找出規則性。只要善用這種規則性，那麼土地就會變得更加順從，又可以進一步找出其他的規則性。

就像這樣，居住在牧場地區的人們十分理性，也造成了自然科學的發達。和辻認為，這些正是牧場型風土的產物。

從風土中看到的日本人

根據上述的論點，和辻進一步分析印度、希臘、羅馬，以及身處季風型風土特殊形態中的中國和日本。當然，身為日本人，最有興趣知道的是和辻對於日本的分析。

由於日本同樣處於季風地區，因此包容性強且忍耐度高。然而，從夏天的颱風和冬天的大雪可以看出，日本同時擁有突發性的猛烈以及熱帶與寒帶的雙重人格特徵。

因此，當日本人感受到什麼事情的時候，在變化的瞬間經常伴隨著有如颱風或大雪般的突發性。

●風土的三種類型

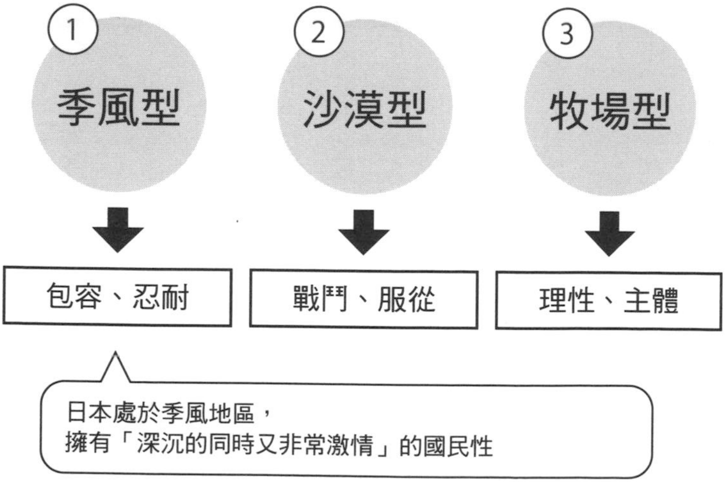

另外，在容忍的時候也一樣，既不像熱帶那般不抵抗的達觀，也不是寒帶那種堅持不懈的忍耐。忍耐屈從中有時如颱風般猛烈反抗，有時又突如其來地寂靜達觀。和辻如此形容日本人：

深沉而又激情，好戰而又恬淡。日本的國民性正是如此。[*2]

和辻的形容好似在說櫻花，突如其來地綻放，而最終又恬淡地散落滿地。日本人的這種特徵也表現在人與人的連結上。相對於牧場型的歐洲形成「城邦」、沙漠型的人們形成「部族」，居住在季風地區的人們，尤其是日本人，形成了「家」。

和辻主張，在日本，夫婦與親子間的關係建立在深厚無間的情愛之上。這就是「家」的特徵。但這種情感也同時激情，為了家的名譽，人們往往非常淡泊恬然地捨棄自己的生命。

另外，日本人將「家」視為「內」，明確區別「內」與「外」。另一方面，歐洲的城邦相當於日本的「內」。因此，在城邦之中，孕育出了西洋人以個人主

*2：和辻哲郎，同前書P166

義為基礎的社交關係。

和辻認為，現在的日本人也許在表面上學習了歐洲的生活，但在以家為基礎、不擅於個人主義式的公共社交生活這一點，日本人可說是完全沒有歐洲化。和辻的論點是在昭和十年提出，但現在的狀況看來一點也沒有改變。

在閱讀完和辻的《風土》之後，可以發現他最大的特點是凝視某一件事，冷靜地重複演繹推理，得出獨自的結論。除了和辻論述的日本風土特徵之外，和辻對於思索的態度也是我們必須學習的地方。

重點掌握

- 和辻將風土分類為季風型、沙漠型、牧場型三種類型。
- 日本屬於季風型，帶有如颱風、大雪般突發性格，具有熱帶與寒帶的雙重性格。深沉的同時又非常激情正是日本的國民性。

BOOKS

12

《文明的生態史觀》

闡述日本與歐洲並行發展的證據

100字摘要

作者利用生物學與動物學常用的遷移理論，來探討文明的進展、導出其發展的法則。結果發現，歐亞大陸的第一區域與第二區域在生態學上有著不同的發展。

《文明的生態史觀》
梅棹忠夫著
（中公文庫／1998年）

作者◉**梅棹忠夫**

1920～2010。民族學家、比較文明學家。致力在全世界進行田野調查。大力推動國立民族學博物館的設立，並於1974年擔任第一任館長。

將文明分成兩種類型

「成為櫟社的散木」

這是梅棹忠夫的人生座右銘。到底是什麼意思呢？

梅棹所說的「櫟社的散木」出自於《莊子》的〈人間世〉。一間寺廟的後面長著一棵巨大的櫟木。有一天，匠石和他的弟子們路過這裡，但匠石對於這棵樹卻沒有多加留意。弟子問匠石為什麼不把樹砍下來用呢？匠石於是回答道：「這棵樹之所以會長這麼大，就是因為它是一棵沒用的樹」。說完後，便頭也不回地向前走。

有用的木是「材木」，而沒用的木則是「散木」。然而，換一個角度來看，正因為櫟木是散木，所以才能夠不被人砍伐，也才能長這麼大。梅棹自嘲自己從少年時代開始就沒有做過什麼有用的事，於是希望貫徹自己的散木人生，因此才會說要「成為櫟社的散木」。

然而，梅棹留下了考察筆記全二十二卷，別卷一卷，在這些著作的面前說自己是「散木」，未免過於謙遜。

當中又以梅棹於昭和三十二年（一九五七）投稿雜誌《中央公論》的論文〈文明的生態史觀序說〉、其續篇的〈東南亞之旅〉，加上以這兩篇論文為中心整理相關論文，於昭和四十二年（一九六七）出版著作《文明的生態史觀》，為戰後日本人提出的理論中，最為獨特且影響深遠的作品。

梅棹理論的重點在於「生態」。裸地生青苔，慢慢成為草地，最終發展成為森林，是生態學的遷移理論。利用這個理論便可以大致說明潛藏於生物或動物等自然共同體歷史中的規則性。既然如此，那麼人類的文明是否也適用於這個遷移理論呢？

梅棹的論文〈文明的生態史觀序說〉就是在這樣背景之下產生的。

梅棹所說的「文明」，指的是強大的工業實力與交通通訊網、完備的行政組織與教育制度等，是由人類、設備與制度共同打造的系統整體。

梅棹將範圍橫跨日本至英國的歐亞大陸當作考察對象，認為從生態學的角度可以將文明發祥的區域大致分成兩類。他將這兩類分別稱作是「第一區域」和「第二區域」。

如果將歐亞大陸看作是一個橫橢圓形，那麼其最東端和最西端屬於第一區域，具體而言，指的是西歐和日本。剩下的則是第二區域。值得注意的是，這種想法完全跳脫了東洋與西洋的分類。

梅棹主張，第一區域的特徵是生活模式屬於高度的近代文明，相較之下，第二地域則並非如此。接下來他從生態學的角度說明為何會有這樣的結果。

梅棹提出的文明生態模型

橫橢圓形的歐亞大陸上有著大乾燥地帶，由東北至西南斜向跨越整個大陸。第二區域佔據了大部分的乾燥地帶。若將第二區域依照東西南北劃分，可以分成①中國世界；②印度世界；③俄羅斯世界；④地中海、伊斯蘭世界（參照P109的圖A）。

乾燥地帶孕育出了反覆進行暴力與破壞的遊牧民族。由於他們的暴力與破壞，讓第二區域的文明社會受到極大傷害，無法在短時間內復原。

然而，第一區域在地理位置上免於乾燥地帶衍生出的暴力。因此，屬於第一區域的東西兩端，其文明可以並行發展。梅棹認為，其結果讓日本與西歐產生了高度文明。

換句話說，第一區域的遷移屬於「自成性」，也就是依靠內部的力量。相對於此，第二區域則是因外部力量而被迫遷移的「他成性」要素較強。

梅棹在論文〈文明的生態史觀序說〉中提出了上述理論，在另一篇論文〈東南亞之旅〉中進行深入的探討。

在這一篇論文中，首先將圖A加以擴展（參照左圖B）。他在圖A加上了準乾燥地帶和濕潤地帶的界線。如此一來更可以明顯看出日本與西歐相互對應。

此外，東南亞與東歐的對應關係也浮上檯面。泰國與印尼等東南亞地區被夾在印度、中國、日本之間，這剛好對應波蘭和匈牙利等東歐地區被夾在伊斯蘭、俄羅斯、西歐等大國之間。

●文明的生態史觀模型

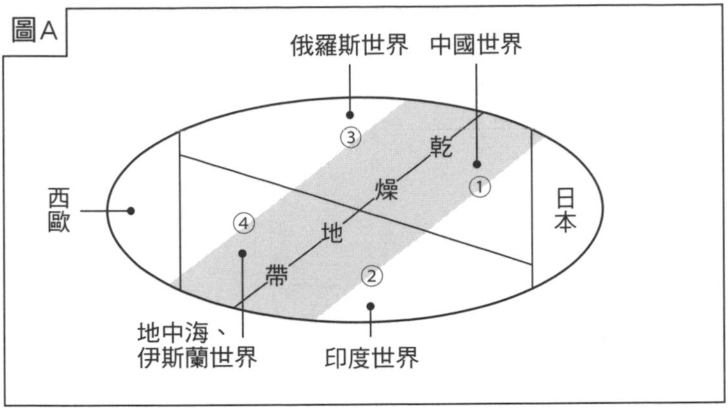

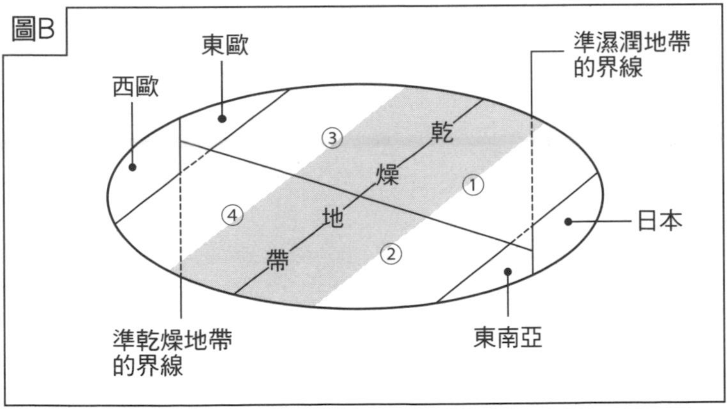

第一區域…西歐—日本

第二區域…①～④的世界

特殊區域…東歐—東南亞

參考資料：根據梅棹忠夫《文明的生態史觀》製成

東南亞與東歐同樣被劃分成多個小國，不斷地受到大國的侵略，這一個歷史上的特點也相互對應。就像這樣，只要利用圖B（P109），便可以簡單明瞭地看出區域的對應關係。

梅棹的生態史觀使用的是非常簡單的模型。但梅棹的模型事實上充分活用了柯本氣候分類法*1的氣象學知識，絕非信口開河。

梅棹提到，若採用生態學的方法，則可以得出所謂的「歷史」是人與土地相互作用演進的痕跡。他主張，決定演進形式的眾多要素之中，最重要的就是自然要素，而自然要素的分布並非毫無根據，而是表現出了幾何學的特徵，而文明也依照這個特徵分布。

從上述梅棹的理論中可以看出，他非常重視自然因素，也許正因為如此，他對於和辻哲郎的《風土》（BOOKS11）採取嚴厲的態度。梅棹認為，姑且不論哲學方面的考察，和辻完全忽視了氣候學的成果。為此，梅棹斷定和辻的《風土》是一部失敗的著作。

那麼，說到梅棹的理論是否完美無瑕，勢必仍會有不同的意見。經濟學家川

*1：德國的氣象學家柯本根據自然植被生成歸納出的分類法。

勝平太便是提出異議的其中一人，他認為梅棹的理論缺乏從海洋切入的觀點。

川勝提出，十六世紀時，西歐與日本的航海技術發達，積極進入東南亞展開貿易，船隻來往帶來的經濟效益在文明上起了很大的作用。也就是說，無論是西歐或是日本都非自成性，而是從海上受到他成性遷移的壓迫。他的這種想法可說是為梅棹的生態史觀帶入「海洋」的要素。

話雖如此，梅棹的生態史觀並沒有被全盤否定，直到現在，都不斷地在提升理論的完成度。尤其在看到現在緊張的俄羅斯與中東情勢，我認為梅棹的理論值得深入探討。

重點掌握

- 將歐亞大陸的東西兩端劃入第一區域，剩下的地區歸類成第二區域，用生態學的角度分析各個區域的發展。
- 根據這個理論可以看出，西歐與日本並行發展。

BOOKS

13

《日本邊境論》

日本人是邊境人，
那麼就要活得
像一個邊境人

100字摘要

作者將自認居住在大中華版圖邊陲地帶民族的日本人定義為「邊境人」，闡述「所有的文化都來自其他地方」、「總有些地方不如人」等邊境人意識，如何支配日本人的思考與行為。

《日本邊境論》
內田樹著
（新潮新書／2009年）

作者◉內田樹

1950～。曾任神戶女學院大學教授等。專攻法國現代思想。另外，他從學生時代起便學習合氣道，具有教練的水準。

重申梅棹的論點

內田樹在著作《日本邊境論》一開始就寫道：「本書藉由畫一條名為『邊境性』的輔助線來凸顯日本文化的特殊性[*1]」。

在看到這一句話的時候，從頭開始閱讀本書《速解日本文化論》的讀者，想必會覺得：「這本書難道與梅棹忠夫的《文明的生態史觀》有關係嗎？」

仔細一想，位於歐亞大陸最東邊的日本的確是邊境。

事實上，內田自己也說《日本邊境論》主要是重申梅棹半個世紀前的著作《文明的生態史觀》（BOOKS12）中所提出的主張。內田重申的是梅棹於《文明的生態史觀》中提出的下列論點。

梅棹認為，日本人雖然擁有自尊心，但同時又具有某種文化上的劣等感。這個劣等感指的是「所有的文化都好像是來自其他地方，而自己總有一種不如人的意識[*2]」。

＊1：內田樹《日本邊境論》（新潮新書，二〇〇九年）P8～9

＊2：梅棹忠夫《文明的生態史觀》（中公文庫，一九九八年）P41

那麼，日本人究竟為何會有如此的想法呢？梅棹繼續如此論述：

「這想必是一開始就以自己為中心發展出一種文明的民族，與一開始就是一大文明邊境諸民族，兩者之間的差別吧。」*3

請特別注意梅棹在上述主張中提到的「邊境諸民族」幾個字。內田就是用這個來當作《日本邊境論》的題名，而梅棹上述的主張也正是《日本邊境論》的主張。內田在書中也有解釋為什麼有必要重申梅棹的主張。

這是因為日本人很快就忘記梅棹提出的重要見解。為什麼會忘記呢？因為大家都忙於消化外來的新知識。那麼，為什麼大家會瘋狂追求外來的知識呢？內田借用梅棹的話指出，那是因為大家被「所有的文化都好像是來自其他地方，總覺得自己不如人」的意識給制約了。內田強調，正因如此，才有必要反覆重申梅棹的見解，於是寫成了《日本邊境論》。

那麼，日本人究竟是如何走上邊境人的道路呢？

內田在《日本邊境論》中寫到，如此的歷史是從日本人接受中華思想，進而將自己放在中國的邊境位置開始的。

*3：梅棹忠夫，同前書《文明的生態史觀》P42

中華思想指的是，在政治和文化上將中國視為世界中心的想法。漢民族居住的地方稱為「中原」，而住在周邊的異民族則被稱為「夷狄*4」。另外，夷狄居住的地方被稱為東夷、西戎、南蠻、北狄，這些地區的各國都必須向中華皇帝朝貢，用以換取皇帝對該地國王統治權的認可。

從日本的情況來看，刻有「漢委奴國王」的金印，其年代可追溯到西元五十七年。由此可見，當時居住在日本列島上的人們已經開始向中華皇帝朝貢，接受中華思想。也就是說，日本人作為邊境諸民族，借用內田的話，即日本人身為「邊境人」的自我意識，早從兩千年前就已經開始。

身為邊境人的日本人，就像被中華皇帝承認為國王一樣，總是不自覺地向外部居上位者尋求認同、保證自己的正當性。內田認為，這種想法已經深入日本人的血液當中，無論怎麼做都很難改變。

既然如此，日本人是否應該一掃邊境人的習性呢？

內田的想法卻是否定的。他認為，既然如此，不如就邊境到底吧。

翻開過去漫長的歷史，日本人秉持邊境人的態度一直延續到今天，想必是有

*4：指的是野蠻民族。日本幕末時期，攘夷思想派人士將西洋人稱為「夷狄」。而攘夷所指的正是「攘除夷狄」之意。

它的道理。那麼，與其將日本改變成為世界標準的國家，不如理解日本就是這麼一個特殊的國家，只能用這樣的方式生存下去，這樣也比較輕鬆且有意義。內田採取了這樣開放的態度。

仔細想一想，邊境人也有其優點。如果沒有優點，想必也不可能延續到今天。那麼，邊境人的優點到底是什麼呢？

根據內田的說法，首先是學習能力。由於邊境人深信其他地方有更好的東西，因此在學習方面非常率真與熱衷。這是其他民族很難效仿的一大優點。

另外，隨時處於「落後於人」自覺中的邊境人擁有另一項特殊技能，那就是可以將先手與後手、主動與被動的關係任意轉換成如「空即是色」一般「A即是B」的關係，比如說「後即是先」、「被動即主動」。這一點對於是落後學習的人十分有利。

然而，內田提出警告，擁有這些優點的日本人，如今在學習力上面卻是大幅退步。

追根究柢，之所以有這麼多不同的日本文化論，難道不正來自於「所有的文化都來自其他地方」、「總有些地方不如人」這些缺乏自信的邊境人意識下的產物嗎？然而，如果只是一味地在乎外部的評價而喪失了學習的意願，日本恐怕將陷入不堪設想的窘境。

重點掌握

- 日本人接受中華思想成為邊境人。為此，追求外部居上位者承認的思想已經根深蒂固。
- 如今要做的不是一掃邊境人的習性，更重要的反而應該是提高邊境人固有的「學習能力」。

埃內斯特・薩托《明治日本旅遊導覽》

向世界介紹日本文化外交官所寫的旅遊書

聽到「Murray」或是「Baedeker」就會想起旅遊書的人，想必一定是海外旅遊達人。

這兩個都是出版人的名字，前者是英國人約翰・默里（John Murray），後者則是德國人卡爾・貝德克爾（Karl Baedeker）。兩人皆是在一八二〇年代末期起至三〇年代初期為止，專門出版旅遊書的出版人。到了十九世紀中期，「默里手冊（Murray's handbook）」或是「貝德克爾手冊（Baedeker's handbook）」成為了旅遊書的代名詞。

當時的日本，幕府於一八五四年與美國簽訂了日美和親條約，一八五九年橫濱開港。就像這樣，日本被迫進入世界市場。對於西洋人而言，這也代表日本成為了絕佳的旅遊地點。實際上，在橫濱開港前後，來自世界各地的旅行者，也就是所謂的環球旅行家，大舉前往日本。

如此一來，一本介紹日本的旅遊書就變得不可缺少。事實上，早在慶應年間

（一八六五～一八六八），日本就已經出版了介紹日本通商港口的英文導覽。之後也陸續出版其他旅遊書。其中，集大成的旅遊書要屬明治十四年（一八八一）出版、由任職於英國大使館的外交官埃內斯特・薩托所寫的《明治日本旅遊導覽書》。順道一提，薩托的拼音為「Satow」，雖然發音相近，但與日本的姓氏「佐藤（Satou）」沒有任何關係。

如果你認為當時的導覽書充其量不過是一本小冊子，那你可就錯了。這一本書的頁數多達五百頁以上，拿在手上的感覺就好像是拿著一本英日辭典一般。

另外，內容分為「序說」和「導覽」兩部分，前者是旅行者不可或缺的旅行心得和日本文化解說等，後者則寫下了具體的路線和推薦的景點等。

值得注意的是前者的「序說」部分。會這麼說是因為，只要閱讀這一部分，就可以一窺日本明治當時的樣子，也就是說可以看出當時旅遊文化的一角。

例如，看到旅行注意事項中的「手提行李」這一項。當中寫到避免笨重的行李箱，最好使用「在日本被稱作『柳行李』的編織竹簍」。至於為什麼最好要用柳行李呢？那是因為收納空間小，行李也就會變得更簡便。

另外，「旅遊心得」中又寫道：「旅社塌塌米或床鋪的寢具在夏天經常是跳蚤成群，如果事先不做好準備，恐怕會夜不成眠」，因此提醒大家一定要準備防蟲粉。

大家覺得如何呢？僅是從上述少數的資料當中便可以大致想像出明治當時旅行者的模樣。

由於這是一本實用書，因此，當時前往日本的旅行者，幾乎每一個人都隨身攜帶一本《明治日本旅遊導覽書》。

榮獲諾貝爾文學獎的英國作家魯德亞德．吉卜林（Rudyard Kipling）也是其中之一。他參考書中的記述，寫下對日本的印象，發表在報紙上。也就是說，對於當時來到日本的外國人而言，如果想要了解日本人或日本文化，這本《明治日本旅遊導覽書》會是非常方便的資訊來源。

●書籍介紹

《明治日本旅遊導覽書》

埃內斯特．薩托著，庄田元男譯
平凡社（1996年）
※文中引用內容出自該書。

●作者

埃內斯特．薩托（1843～1929）

Ernest Mason Satow。英國的外交官。與幕末時期的有志之士交流，對於明治政府的設立做出貢獻。曾任駐清公使。

Chapter.

4

探索日本之美

14 《「粹」的構造》

啊，真是粹。探討「粹」背後的哲學意涵

100字摘要

考察無法翻譯成外語的日本獨特概念——「粹」（iki）。作者利用長方體清楚解說「粹」的性質和適用範圍，並將日本人感到「粹」的狀況，分為具體行為表現和藝術性表現加以分析。

作者◉九鬼周造

1888～1941。哲學家。花了8年的時間留學歐洲，向海德格、胡塞爾學習哲學。回國後致力普及西洋哲學。其父為文部省官僚、在美術行政方面大刀闊斧的九鬼隆一，為家中的第四子。

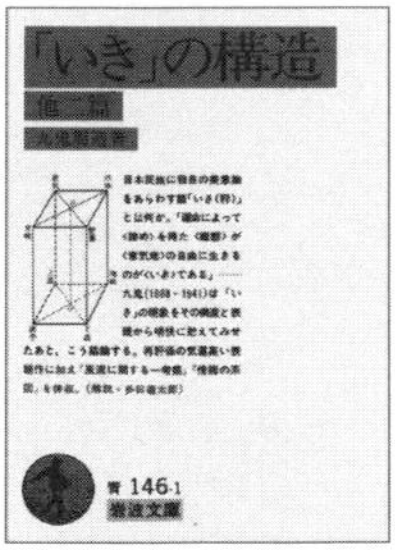

《「粹」的構造 他二篇》
九鬼周造著
（岩波文庫／1979年）
繁體中文版：
《「粹」的構造》聯經

分析「粹」的概念

「那位恩客真是『粹』」

現在的風月場所也許還進行著類似的對話。哲學家九鬼周造的著作《「粹」的構造》所考察的「粹」，就是「那位恩客真是『粹』」的「粹」。

「這麼世俗的『粹』，怎麼可能成為哲學的研究對象？」先不要這麼快就下結論。《「粹」的構造》書中，關於「粹」這個十分貼近生活，卻又看不見實體，且很難被翻譯成外語的日本獨特概念，九鬼讓它有了一個比較清楚的輪廓，清楚地分析「粹」的構造。因此，這本書從以前開始就被認為是一本非常優秀的日本文化論。

另外，不斷地用理論堆疊思考，最終導出一個鮮明的結論，九鬼的這種手法也令人佩服。在這一層意義上，這一本書可說是用哲學思考事物的最佳範本（內容絕不會艱澀難懂），身處現代的我們也可以好好善用本書。

那麼，九鬼是用什麼方式考察「粹」的呢？九鬼如此說道：

「我們首先必須領會存在於**意識現象**層面中的『粹』，然而進一步理解存在於**客觀表現**下的『粹』。」＊1

……雖然剛剛說了內容不會艱澀難懂，但這一類型書籍的用字生硬也是沒有辦法的事。其實要點非常簡單，九鬼想說的是，我們首先必須理解名為「粹」的現象，然後再去思考，身邊有哪些狀況屬於「粹」，分兩階段分析。

九鬼接下來繼續說明「粹」代表的意義，他首先找出了「粹」的三種內涵，分別是「媚態」、「骨氣」，以及「死心」。

九鬼強調，媚態是以征服異性為假想目標時展現的態度。人們在展現這個媚態的時候會用「粹」來形容，但與媚態同時存在的是以武士道理想主義為基礎的「骨氣」和以佛教非現實性為背景的「死心（達觀）」。九鬼將這些整理之後重新定義「粹」。

洗鍊的（達觀）、有張力的（骨氣）、嫵媚的（媚態）＊2

＊1：九鬼周造《「粹」的構造》（岩波文庫，一九七九年）P20

＊2：九鬼周造，同前書P32

這些就是「粹」的內涵。

接下來，九鬼開始思考「粹」與其他相關含意涵義的關係，將「粹」的適用範圍分為「骨氣」—「土氣」、「優雅」—「低俗」、「華麗」—「樸素」、「甜味」—「澀味」等四組相互對立的八種涵義。九鬼用長方體來進一步說明。

九鬼提出的長方體

這八大涵義大致可以分為與人性相關和與異性相關的兩大類。如圖所示，長方體上下面的正方形，代表的就是這兩大類。上（「骨氣」—「土氣」、「甜味」—「澀味」）是與異性相關，而下（「高雅」—「低俗」、「華麗」—「樸素」）則是和人性相關。

●「粹」的構造

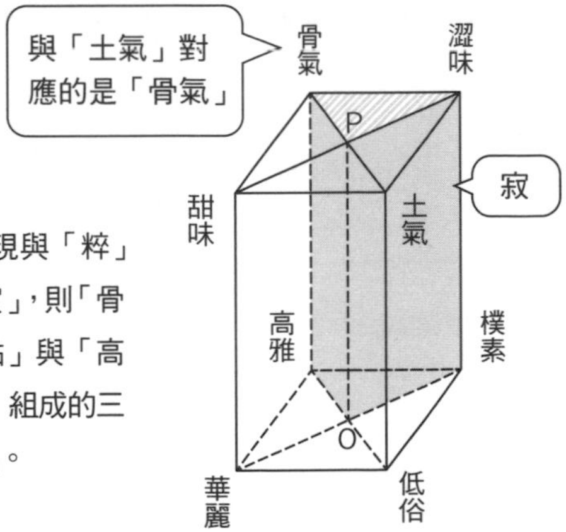

若用這個長方體表現與「粹」同屬一個系統的「寂」，則「骨氣」、「澀味」、「P點」與「高雅」、「樸素」、「O點」組成的三角柱部分就是「寂」。

參考資料：根據九鬼周造《「粹」的構造》製成

另外，圖中各頂點都用邊線或對角線連接起來。可以明顯看出，用這些線連起來的每一組，都是相互對立的概念。對立最明顯的是上下正方形中用對角線連起來的概念。

九鬼提出，可以將與「粹」同屬一個系統的涵義放入長方體的表面或是內部的某一個位置，並舉例「寂」、「雅」、「味」、「不快」、「嫵媚」。根據九鬼的定義，例如「寂」（參照P125），長方體的「O點」、「高雅」、「樸素」形成的三角形與「P點」、「骨氣」、「澀味」形成的三角形可以連成一個三角柱，而這正是「寂」的真面目。

「寂」一般代表「古老而有風情」（廣辭苑）。然而，大家是否也覺得九鬼利用長方體做出的說明，更能夠直接地把握「寂」的實體呢？

就像這樣，九鬼在明確說明「粹」的含意之後，接著分析日本人在什麼樣的情況之下會發現「粹」。他從具體行為表現和藝術性表現中找出「粹」。

九鬼首先舉出女性出浴時的姿態用來當作「粹」行為表現的代表。另外，他認為，在做出「粹」的表情時，眼睛、口、臉頰必須同時具備鬆弛與緊張，詳細解說每一個重點。

另外，在藝術性表現方面，追求與模樣和色彩相關的「粋」。九鬼的考察還遍及建築，從「粋」的角度說明日本人偏好的樣式。

從「粋」一個字就可以展開如此多元的思考，九鬼的手法的確令人佩服。另外，岩波文庫出版的《「粋」的構造》中另外收錄了用同樣手法考察「風流」的文章——〈關於風流的考察〉，內容也非常有趣。

重點掌握

- **無法翻譯成外語的「粋」，其本質為「洗鍊的（達觀）、有張力的（骨氣）、嫵媚的（媚態）」。**
- **從與「粋」相關涵義構成的長方體中，可以找到與「粋」旨趣類似的位置空間。**

BOOKS

15

《陰翳禮讚》

谷崎所見的
東洋神秘本質
正是「陰翳」

100字摘要

昭和8年（1933）12月號起至昭和9年1月號為止，於綜合雜誌《經濟往來》上連載的隨筆評論。作者從日本人日常生活中使用的器具以及傳統住宅中，找出了日本傳統之美的背後，隱藏著「陰翳」的內涵。

作者◉**谷崎潤一郎**

1886～1965。作家。一開始是唯美派作家，也曾受惡魔主義影響，關東大地震後移住關西。之後走向回歸日本傳統，宣揚日本的傳統之美。

《陰翳禮讚》
谷崎潤一郎著
（中公文庫／1995年）
繁體中文版
由臉譜出版。

存在於日本傳統之美中的東西

根據《廣辭苑》的解釋，「凝視」指的是「目不轉睛地注視」。如果凝視身邊的瑣事，也許會意外發現一些至今為止都沒有注意的事情。前一節介紹的《「粹」的構造》（BOOKS14），也可說是九鬼周造從哲學的角度，凝視未曾有人認真面對過的「粹」之下的產物。

「凝視」這個行為做起來並不像字面上那麼容易。短暫的注視稱不上是凝視。還必須要有持之以恆的持續性。若想從隨處可見的事物當中獲得新發現，更需要花上很長的一段時間。

因此，凝視必須具備對知識的好奇心和耐力。我認為，這種「凝視的精神」是創造與發現不可欠缺的要素。

文豪谷崎潤一郎用這種凝視的精神面對「陰翳」，一語道破日本的傳統之美不可缺少陰翳，而陰翳正是區分西洋之美與日本之美的重要元素。谷崎的《陰翳禮讚》便是針對這一個論點進行闡述。

「陰翳」不是一個容易懂的詞彙，又寫作「陰影」，在日文都讀作「kage」，「翳」、「影」、「陰」都含有同樣的意思。日文中的「陰翳」和「陰影」過去是通用的同義詞，現代則統一使用「陰影」。

然而，谷崎刻意選用「翳」表記，當中有其特別的用意。請大家想一下「影」，「影」指的是光被物體擋住後產生的「像」。

相對於「影」，「翳」則沒有明確的「像」，指的是整體昏暗的樣子。讀過谷崎的《陰翳禮讚》後便可以理解，最適合用來表現隱藏在日本傳統之美背後內涵的字不是「影」，而是「翳」。

下面舉一個例子說明。關於「廁」，也就是廁所，谷崎是這麼寫的：「每次前往京都、奈良等地的寺院，看到過去那種昏暗且每一個角落都打掃地非常乾淨的廁所時，都深感日本建築的可貴。會這麼說是因為，廁所是最適合享受四季變化的地方」。谷崎提到，像這樣的地方，最需要的就是「暗薄的光線」、「徹底清潔」，以及「連蚊叫聲都聽得一清二楚的寧靜」。

原來如此。貼著磁磚、燈光照在四周圍白色牆壁上、馬桶配有水箱的西式廁所，的確非常明亮、方便且整潔，但與「風雅」完全沾不上邊。

另外，關於像廁所這種地方應該要有「暗薄的光線」這一點，谷崎又進一步說明：「廁所還是籠罩著朦朧暗薄的光線為妙，何處清潔，哪裡骯髒，模糊地泰然處之為妙[*1]」。谷崎的這一番話其實正是明確地表現出了「陰翳」的性格。

谷崎所說的「朦朧暗薄」指的並不是光照在物體形成的明與暗，也就是說，與「陰影」的狀態不同。

就好像是水墨畫的技巧一樣，明與暗並非一目了然，在這樣的「陰翳」之下，谷崎感受到了廁所的風雅，也就是日本建築的可貴。因此，谷崎這裡說的並不是明暗分明的「陰影」，而是分界模糊朦朧的「陰翳」。

谷崎首先透過描寫廁所，凝視日本人覺得美的東西，從中找出了陰翳，再藉由凝視陰翳，逼近日本傳統之美的本質。

就像這樣，谷崎又將焦點轉到了日本的紙、漆器（湯碗）、金蒔繪、羊羹、傳統醬油、純日本風住宅、和室以及凹間（床之間）等，逐一從中發現陰翳之美。這

*1：谷崎潤一郎著《陰翳禮讚》（中公文庫，一九九五年）P13

種凝視的精神可說是重新發現了日本之美。

西方人所謂的「東方的神祕」

接下來看到凹間的例子。「凹間」指的是木材與牆壁隔成的一個內凹空間。日本人將光線導入這一個不起眼的空間，形成朦朧的角落，製造出「陰翳」。其真面目止不過是「蔭」。

不僅如此，日本人還會眺望凹間的橫木（落懸）後方、插花周圍、棚架之下充溢著的黝暗，從中找到永遠不變的寂靜。

谷崎提到，這種黝暗帶來近乎詭異的閑寂，大概就是西洋人所謂的「東方的神秘」。谷崎凝視的精神讓他從陰翳中找出了東方的神秘。

日本人到底為什麼喜歡陰翳呢？谷崎如此分析。

東方人會在自己身處的境遇中尋求滿足。這也是甘於現狀的態度，如果眼前一片漆黑，那麼也只好放棄，達觀處之。因此，谷崎認為，日本人面對光線不足也有應對的辦法，潛入黑暗之中，從中找出屬於自己的美。

非常巧合地，和辻哲郎的《風土》（BOOKS11）和九鬼周造的《「粹」的構造》（BOOKS14）都提到「達觀」是日本人的特徵之一。或許，「達觀」正是「東方的神秘」泉源。

重點掌握

- 「陰翳」雖然也是光線產生的現象，但並非有一個明確的「像」，而是指朦朧暗薄的樣子。
- 從紙、漆器、和室、凹間等日本傳統之美中也可以找到陰翳的要素，西洋人將這種黝暗帶來近乎詭異的閑寂稱作「東方的神秘」。

BOOKS

16

《我在美麗的日本》

《我在美麗的日本》作品本身就是終極之美

100字摘要

這是作者於昭和43年（1968）獲頒諾貝爾文學獎時，為了發表紀念演說而寫下的作品。透過道元禪師和明惠上人的和歌，說明日本人熱愛四季變化的自然美，並闡述其背後蘊含的「無」的思想。

作者◉**川端康成**

1899～1972。作家。活躍於大正末期至昭和年代的知名作家。陸續發表《伊豆的舞孃》、《雪國》等名著。昭和43年獲得日本人首座諾貝爾文學獎。

《我在美麗的日本》
川端康成著
（講談社現代新書／1969年）

少見的藝術品收藏家

也許很少人知道，川端康成其實也是一位藝術品的收藏家。川端尤其愛好日本的古藝術品。他曾經說過：

「藝術品，尤其看到是看到古董藝術品，我深刻的體會，只有在欣賞這些藝術品的時候，才有真正活著的感覺。」*1

川端的眾多收藏中包含了三件國寶。在川端收藏之後被指定為國寶的浦上玉堂作品〈凍雲篩雪圖〉便是其中之一。描繪被雪覆蓋的山中景象，充滿莫名的寂寥感。

另外，池大雅的〈十便圖〉、與謝蕪村的〈十宜圖〉也是被指定為國寶的作品。這兩位江戶時代的畫家的各十幅作品，集結成冊名為《十便十宜帖》。

還有明惠上人*2的〈夢記斷簡〉*3，雖然不是國寶，但也是川端深愛的作品。川端曾經提過，只要從書齋的櫃子裡取出〈夢記斷簡〉欣賞，就會自然湧起

*1：川端康成《拱橋・時雨・玉響》（講談社，一九九二年）P11

*2：鎌倉初期的僧侶。他的學識受到後鳥羽上皇等人的賞識。

*3：明惠上人將夢中所見記錄下來的作品（《夢記》）。這裡指的是這份紀錄的部分片段。

一種懷念的感覺。還寫道：「在寫關於明惠上人的小說時，我會把明惠上人的書攤在地上，在寫作空檔的時候欣賞，我覺得這樣對我的作品有正面的影響[*4]」。

結果，川端並沒有撰寫有關明惠上人的小說。然而，在撰寫《我在美麗的日本》時，說不定川端有把明惠上人的書攤在地上。為什麼會這麼說呢？接下來一邊介紹《我在美麗的日本》的內容，一邊說明。

*4：川端康成《一草一花》（講談社，一九九一年）P88～89

透過和歌表現日本人的美意識

《我在美麗的日本》並非小說，而是川端於昭和四十三年（一九六八）年獲頒諾貝爾文學獎時，為了發表紀念演講而撰寫的原稿。收錄於講談社現代新書版的《我在美麗的日本》，還附上了當時擔任演講口譯的愛德華・賽登斯德卡（Edward George Seidensticker）的英譯版本。

這個作品當中，川端引用了許多他深愛的日本和歌，透過這些和歌，充分展現日本人所持有的美感。

作品的一開始，川端便引用了道元禪師的和歌。

春花秋月夏杜鵑
冬雪寂寂溢清寒

接下來，川端引用的和歌正是明惠上人的和歌。

冬月出雲暫相伴
北風勁厲雪亦寒

關於這一首和歌，川端根據明惠上人所寫的和歌序言，仔細地解說這一首和歌的內容。

根據序言所寫，明惠上人於元仁元年（一二二四）十二月十二日夜裡，進入一間禪堂坐禪。結束之後，從山上的房間走回山下的房間。這時，月亮從雲層中探出頭，照亮了明惠上人的腳步。雖然聽到狼叫，但有了月光，就不用害怕。等到他走到山下的時候，月亮又躲到雲後面去了。

隨著後半夜的鐘聲響起，明惠上人再度前往山上的禪堂。結果月亮也再度從雲層中探出頭，照亮明惠上人的腳步。月亮跟著明惠上人向前走，等到他進入禪堂後，月亮再度躲進山峰裡。

明惠上人將這個不怕生的月亮跟著自己走的樣子，寫成了和歌。川端認為明惠上人的這一首和歌充滿了對自然與人類的關懷，深刻展現了日本人溫婉的心。

前文提到，川端收藏了明惠上人的〈夢記斷簡〉。〈夢記斷簡〉當中並沒有寫到上述的和歌。然而，我認為，川端在撰寫《我在美麗的日本》當中關於明惠上人這一段的時候，為了「對作品有正面的影響」，也許曾將明惠上人的〈夢記斷簡〉掛在書齋也說不定。當然，這僅止於我的推測。

川端在自然背後看到的東西

回到《我在美麗的日本》的內容。

川端除了提到道元禪師和明惠和尚之外，他也同時介紹了良寬和尚、一休和尚、西行法師、小野小町、永福門院的和歌，淡淡地述說和歌中蘊藏的日本之美，透過和歌，也可以看到他們心中的日本精神。

川端列舉出的和歌有一個共通點，那就是愛好自然。當中，最容易理解的就是川端一開頭提到的道元禪師的和歌。

道元禪師的和歌中「春天的花、夏天的杜鵑、秋天的明月、冬天的風雪」，其實只是列舉了春夏秋冬的代表性景物。然而，川端從這種對自然平凡的描寫當中，看到了日本之美的精髓。

會這麼說是因為，川端認為，用「雪、月、花」等四季的詞彙來描述包括山川草木、森羅萬象，以及人類情感在內的美，正是日本的傳統。

因此，《我在美麗的日本》當中列舉出的和歌不僅僅是表達自然之美，更可以從中看出日本人普遍所持的思想。

川端列舉的和歌背後，散發出「無」的思想。這個「無」並非西洋的虛無。「相反地，是萬有自在的空，無涯無邊，無盡藏的心中宇宙[*5]」川端如此說道。

*5：川端康成《我在美麗的日本》（講談社現代新書，一九六九年）P22～23

若問心靈是何事
直如墨畫松風音

這是另外一首川端列舉出的和歌，出自一休和尚之手。

松風的聲音畫不出來。然而，如果是優秀的水墨畫，即使沒有畫出來，卻仍可以感受到松風的聲音，也就是感受「無」為「有」。川端認為，這正是東洋畫的精神，東洋畫中常見的空間、余白、省筆，這些都是水墨畫的靈魂。

另外，同樣的精神也存在於日本的庭園當中、存在於茶室凹間內插上的一朵花當中。

川端認為，就像這樣，「無」卻能擁抱萬物，能夠解決這種矛盾的正是日本之美。因此，正如川端在書中最後所寫的一樣，「無」與西洋的虛無主義，是完全不同的兩個概念。

川端《我在美麗的日本》的文章本身就是一種美，散發出包含死亡在內的「無」的思想。在文中，他一方面批判芥川龍之介的自殺，另一方面又讓人預感他自己的自殺，是一篇近似於遺書的文章。

《我在美麗的日本》作品本身堪稱是終極之美，請大家一定要閱讀原書，親自感受。

重點掌握

- 日本人打從心裡深愛四季的變化。當中又以「雪、月、花」最能表現其中之美。
- 日本人並非僅僅是愛好自然，更從中感受到「無」。隱藏在日本之美背後的正是這一種「無」的思想。

BOOKS

17

《日本之美的再發現》

在桂離宮找到日本之美的德國建築師

100字摘要

收錄作者居住在日本期間所寫、有關日本之美的小論文和日記的拔粹，共6篇。他評論伊勢神宮和桂離宮是日本最有價值的建築物，但卻大肆批判日光東照宮，對於日本建築的再評價有著顯著的影響。

作者◉**布魯諾・陶特（Bruno Taut）**

1880～1938。德國建築師。建設多達1萬2000戶的現代住宅群落（一部分被登錄為世界遺產）。昭和8年（1933），為了躲避納粹而來到日本。

《日本美的再發現 增補改譯版》
布魯諾・陶特著，篠田英雄譯
（岩波新書／1962年）

日本建築物的新視點

也許有人聽過德國建築師布魯諾・陶特的名字，但卻很少人知道他參與設計的建築作品有哪些。這也不奇怪，因為陶特在日本的建築作品只有熱海的舊日向府邸而已。

實際上，在日本像陶特這般出名方式如此特別的建築師非常少見。會這麼說是因為，陶特並不是以自己的建築作品成名，而是透過建築評論等言論、寫作活動而在日本出名。當中，至今仍有廣大讀者的著作，就是這裡介紹的《日本美的再發現》。

本書於陶特過世後翌年的昭和十四年（一九三九）出版，當初僅收錄了論文兩篇和日記兩篇。之後經過改譯，重新收錄了兩篇短文，成為現在市面上流通的增補改譯版。

陶特最為人所知的是「桂離宮*1的再發現」與「日光東照宮*2批判」。本書

*1：位於京都府西京區桂，是江戶時代建造的宮家別墅。庭園與建築物交織而成的景象，非常美麗。

*2：位於栃木縣，是一座祭祀德川家康的神社。以神社建築樣式「權現造」聞名。

一開始收錄的短文〈日本建築的基礎〉是陶特於昭和十年（一九三五）進行演講時的講稿，內容舉出桂離宮和日光東照宮，從中可以大致看出陶特對於日本建築的看法。

文章中，陶特提出伊勢神宮為日本最日式的建築。因為他認為伊勢神宮是日本受到佛教文化影響之前的建築物。

伊勢神宮的構造單純且非常合理，排除了所有不必要的裝飾性元素。陶特推論，想必當初在建造時就已經頓悟，在每二十年改建的時候替換那些奢侈的裝飾品是沒有意義的事情。

然而，隨著佛教的影響擴大，建築樣式也逐漸走向過度裝飾。根據陶特的看法，經過豐臣秀吉的聚樂第[*3]後，日光東照宮迎來了過度裝飾的巔峰。

陶特斷定日光東照宮是專制者藝術的極致，不但沒有如伊勢神宮般純粹的構造，也看不到最上乘的清澈度。陶特做出了激烈的批評，甚至還使用「假貨」、「詐欺」等強烈的字眼，可以看出陶特有多麼地討厭日光東照宮。

話雖如此，伊勢神宮的精神並沒有從日本的建築中消失，陶特認為，繼承這

*3：豐臣秀吉在安土桃山時代，建於京都的宅邸。並且曾經在此處理政務。

一正統的正是桂離宮。

從桂離宮看到的機能美

收錄於同一本書中的小論文〈永恆的建築——桂離宮〉。陶特從桂離宮的建築之美中，找到了既具有機能性又符合目的性的建築手法。對於陶特而言，建築最重要的就是「機能」，他認為「擁有傑出機能的建築，其外觀也必然傑出[*4]」。而桂離宮正是符合他這種想法的最佳實證。

「桂離宮真可說是在擁有文化的世界當中，勇冠天下的唯一奇蹟[*5]」，陶特不斷地反覆強調桂離宮之美。他那讚不絕口的態度與日光東照宮可說是有著天壤之別。

*4：布魯諾・陶特著，篠田英雄譯《日本美的再發現 增補改譯版》（岩波新書，一九六二年）P158

*5：布魯諾・陶特，同前書，P25～26

重新發現桂離宮之美的真的是陶特嗎？

陶特盛讚桂離宮的主張也被媒體大肆報導，他也因此成為了「重新發現桂離宮之美」的人物而備受矚目。實際上，陶特也自吹自擂，在文章中寫下自己是桂離宮的「發現者」。

這樣的印象或許直到現在都沒有改變。或者更應該說，現在說到桂離宮就會想到陶特的名字，而提到陶特也不免要提到桂離宮。陶特的這一本代表作《日本美的再發現》也正因為它是由重新發現桂離宮之美的人所寫的著作，才會直到現在仍有廣大的讀者。

然而，關於這一點我想要提出質疑。

陶特是在昭和八年（一九三三），為了躲避納粹而來到日本。他之所以會選擇日本是因為前年受日本國際建築會之邀而來過日本。

從福井縣的敦賀上陸後，陶特直接前往了京都。在他來日本的隔天，突然間就去了桂離宮。是的，突然間。

最合理的推論應該是有某一位認識到桂離宮之美的人物，帶陶特去參觀了桂離宮。而這一位人物應該就是邀請陶特到日本的建築師上野伊三郎。也就是說，桂離宮之美早已獲得上野等建築師的認同。如此看來，將陶特定義為「桂離宮的再發現者」，似乎誇張了一點。

當然，上述的說法是否正確還有待考證，我認為應該由讀者在閱讀完陶特的著作，並實際走訪桂離宮之後再下判斷。從這個角度看來，《日本美的再發現》也可說是引導自我思考的教科書。

重點掌握

- 陶特從伊勢神宮和桂離宮看到了日本建築之美的本質，促成了重新思考日本建築的契機。
- 日本建築的本質是擁有傑出機能的同時，外觀上也很傑出。

18 《民藝四十年》

柳宗悅的審美之眼是超越二元論的「日本之眼」

100字摘要

收錄作者長達40年主要針對民藝所寫的考察研究。收錄的作品包括〈致朝鮮友人的書〉、〈木喰上人發現之緣起〉、〈雜器之美〉、〈工藝之美〉、〈美之法門〉、〈利休與我〉、〈日本之眼〉等，從中可以一窺作者所致力的工作。

作者◉**柳宗悅**

1889～1961。美學家、民藝運動家。從職人所做的日用雜貨中發現美，並將其命名為民眾的工藝，也就是「民藝」。於東京駒場創設日本民藝館。

《民藝四十年》
柳宗悅著
（岩波文庫／1984年）

發現雜器之美

用一句話來形容柳宗悅這一號人物是一件非常困難的事。對日本在朝鮮半島採取的行動提出異議的人、深愛朝鮮之美的人、木喰佛[*1]的發現者、盛讚大津繪[*2]的人、讚賞琉球之美的人……

在柳宗悅各式各樣的工作當中，最著名的要屬發現日用雜貨之美、實踐民眾的工藝，也就是「民藝」的啟蒙運動。

柳宗悅的著作《民藝四十年》主要收錄他關於民藝所寫的論文。這本著作的第一篇是他於大正九年（一九二〇）發表的〈致朝鮮友人的書〉，透過本書，可以一窺柳宗悅長達四十年的點點滴滴。

我認為，貫穿整本書的主軸可以用「獨特的審美之眼」來表現。例如收錄在第二篇的小論文〈不能失去的一座朝鮮建築〉，其時代背景是大正末期，朝鮮總督府計畫拆除光化門（景福宮的城門），而柳宗悅找出了光化門的價值，正面反對

*1：木喰上人雕刻的佛像總稱。微笑的佛像是其作品最大的特徵。

*2：一種流行於江戶時代初期，相當於現在滋賀縣大津市一帶的民間繪畫。

拆除城門。柳宗悅的文章影響了輿論，光化門也因此避免被破壞的命運，得以遷移。這是歷史事實。

下一篇小論文〈木喰上人發現之緣起〉，因為柳宗悅與木喰佛偶然的相遇，讓木喰上人[*3]和木喰佛重新受到矚目，文章記下了這一段故事的原委。關於木喰佛的再發現，梅原猛曾經評論道：「我認為，柳宗悅對於木喰的發現，在大正文化史上，是一段美好的相遇[*4]」。

為朝鮮半島付諸行動、發現木喰佛，皆出自於柳宗悅「獨特的審美之眼」。少了這獨特的眼光，便無法看出光化門的價值，也無法發現木喰佛的美好。

柳宗悅的審美之眼也強烈投注在日用雜貨上。他用默默無名的職人所創造出的民藝啟發世人。相關主題的第一篇小論文就是〈雜器之美〉。

「所謂雜器，在此是指最一般的民眾所使用的雜物器具。又因為是任何人都要使用的日常器具，因此也可稱為民具。」[*5]

如此定義雜器的柳宗悅，接下來列舉了雜器的特徵。那就是，材料經過選擇、實用且耐用、不需要特殊的色彩或是裝飾。由於這些是無名職人在無欲的狀

＊3：一七一八～一八一〇。在前往日本各地修行的同時，也雕刻了各種佛像。

＊4：梅原猛《羅漢》（講談社現代新書，一九七七年）P214

＊5：柳宗悅《民藝四十年》（岩波文庫，一九八四年）P81

態下做出的東西，能夠大量生產，價格也很便宜。

柳宗悅之所以會將焦點放在雜器，起因是現在被稱為「大名物」的茶器名品，說到底，大多數也不過是雜器。柳宗悅舉出井戶茶碗作為例子。

井戶茶碗是十六世紀從朝鮮半島傳入日本的一種高麗茶碗，純粹作為日常使用。然而，大名物「大井戶茶碗　銘喜左衛門」現在卻被指定為國寶。過去的日用品，現在的價值竟已不可同日而語。

在考慮到上述的情況，柳宗悅認為應還有許多不輸大名物這樣的雜器，被埋沒在灰塵當中。因此，柳宗悅主張應該多注目雜器，發現雜器之美。

能夠用獨特的眼力發現「美」的柳宗悅，經常被稱作是「昭和的千利休」。

●西洋之眼與日本之眼

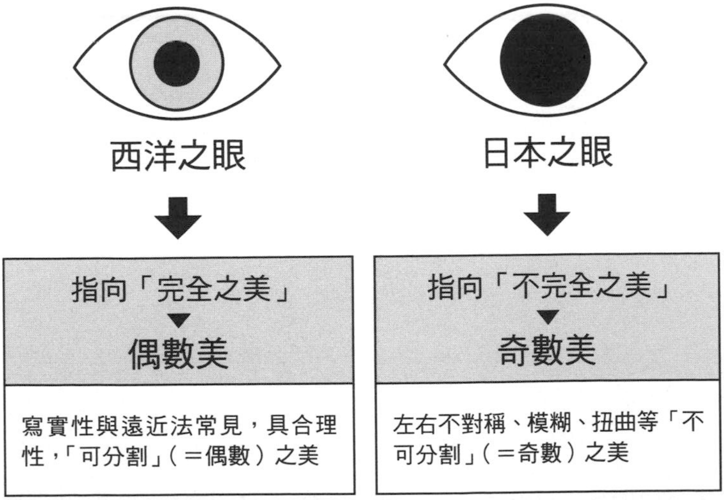
西洋之眼
指向「完全之美」
偶數美
寫實性與遠近法常見，具合理性，「可分割」（＝偶數）之美
日本之眼
指向「不完全之美」
奇數美
左右不對稱、模糊、扭曲等「不可分割」（＝奇數）之美

被比作是千利休而感到困擾

然而，柳宗悅在小論文〈利休與我〉當中，對於利休的美感提出質疑。這是因為他認為，利休非常有技巧地利用掌權者的權勢。

利休的茶稱為「侘茶[*6]」。然而，與權勢結交，受財富與權力左右的利休，他的茶是否稱得上是「侘茶」？柳宗悅提出他的批評。對於利休身為茶人的生活方式，柳宗悅卻嗅到了一股逢場作戲的味道。

「我認為利休是一個有本事的人，但卻不覺得他在人格上是清白而高雅的。（中略）以現在來說，可能是比魯山人更過分的人。（中略）我只能說，我不想成為像利休這樣的人。」[*7]

多麼犀利的言詞。然而，能夠如此堂堂正正批判千利休和北大路魯山人的人也許非常少見。想必柳宗悅除了審美之眼外，對於自己的作為也非常有信心。

他這一種高潔的態度，也表現在將民藝運動比作是美的宗教運動的論文〈日

＊6：編註　指閑靜脫俗風格的茶道。

＊7：柳宗悅，同前書P291、292、294

本之眼〉中。〈日本之眼〉是《民藝四十年》收錄的最後一篇文章，內容顯示出柳宗悅對於現在美術之眼受到「西洋之眼」毒害的憂心。

西洋之眼指的是以「完全之美」為目標的態度。相對於此，柳宗悅指向的是「不完全之美」，主張應該用「日本之眼」鑑賞超越美醜這一種二元論的自在美（參照P151圖）*8。他也提到了他的夢想，那就是在歐美建築一間用「日本之眼」整理而成的美術館。

柳宗悅的夢想最終沒有實現。然而，自昭和十一年（一九三六）於東京駒場創設的日本民藝館，至今收藏了許多柳宗悅以獨特的審美之眼蒐集而來的民藝品，恭待大家的光臨。若想要鍛鍊自己的「日本之眼」，務必帶著《民藝四十年》造訪。

重點掌握

- 柳宗悅將民眾的工藝稱作「民藝」，主張日用雜器當中蘊含了美。
- 不僅是用「西洋之眼」欣賞美，用「日本之眼」欣賞超越二元論的美更是重要。

*8：柳宗悅也將自在美稱作無事之美、平常之美、無礙之美等，最大的特徵是不執著於完全或不完全的美。

BOOKS

19

《日本的傳統》

一反懷古主義，
凝視日本的傳統，
創造出新的價值

100字摘要

岡本太郎從藝術家的角度批判日本的傳統之美。岡本主張，不應該從懷古的角度看待日本的傳統之美，而是應該用現代的角度認真面對日本的傳統之美，試著創造出新的傳統。

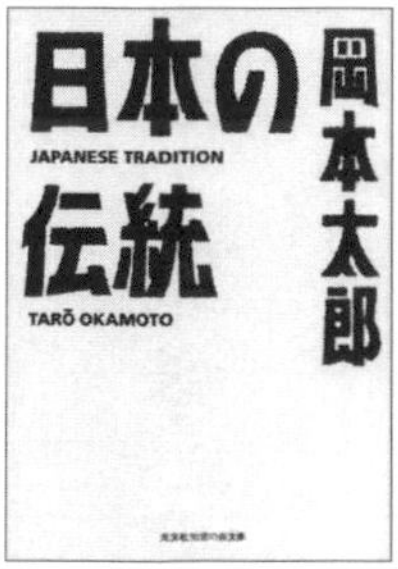

《日本的傳統》
岡本太郎著
（智慧的森林文庫／2005年）

作者◉**岡本太郎**

1911～1996。在法國度過青春時期，跟著前衛藝術家磨練自己。曾經留下「藝術就是爆炸」的名言。代表作包括「太陽之塔」等。

凝視與創造日本的傳統

「過去的日本真好，相較之下，現在的日本真是……」

藝術家岡本太郎將上述這種盛讚過去的日本而放棄現在的人稱為「傳統主義者」。而岡本批評這些傳統主義者都是些怯懦之輩。為什麼會說他們怯懦呢？

根據岡本的說法，無論過去有多麼地美好，而現在又有多麼地悽慘，現在就是現在。因此應該正視現在，若現實是如此地絕望，那麼更該以此為出發點，自己創造出新的價值。如此一來，傳統才能夠繼續傳承。

然而，傳統主義者盡所能地踩低現在，放棄了「創造」這一個身為現代人的責任。因此，岡本才會批評傳統主義者非常怯懦。岡本的《日本的傳統》一書，一反這些傳統主義者，真摯面對日本的傳統，尤其是傳統之美，並從中追求新的創造。

岡本在書中列舉的日本傳統之美共分為三大類，首先是繩文土器，接下來是尾形光琳[*1]，最後則是中世紀的日本庭園。岡本認真面對這些日本的傳統之美，用藝術家的角度，不受過去常識的牽制，提出了新的視點。在這一層意義上，岡本太郎與九鬼周造（P122~）和谷崎潤一郎（P128~）同樣，都具有「凝視的精神」。

下面以岡本凝視繩文土器為例子。岡本比較繩文土器與彌生土器，強調繩文土器「美到令人窒息」。這種美首先來自於繩文土器的立體結構。岡本認為，繩文土器空間上的處理一點也不輸給前衛藝術的雕刻作品，甚至更勝一籌。

岡本繼續強調，太古的繩文人能夠擁有令現代人驚訝的空間概念，仔細想想其實也不足為奇。這是因為他們過的是狩獵生活。狩獵需要察覺獵物的氣息，找出獵物的確切位置，為了做到這些，必須磨練三次元的感知。因此，就如同呈現在繩文土器上的一般，繩文人能夠敏銳地掌握空間。

相對於繩文土器，彌生土器的特徵是平面且均衡，喪失了繩文土器特有的三次元敏銳度。不用說，那是因為彌生時代的人們過的主要是農耕生活。農耕的特質是畫分（metry）土地（geo）。也就是說，「幾何學（geometry）」是其最大的特

*1：一六五八～一七一六。江戶中期的繪師、工藝家。其代表作包括「紅白梅圖屏風」、「燕子花圖屏風」等等。

徵，而這個特質也反映在彌生土器上。岡本認為，彌生土器這種展現平面性與對稱的形式主義，成為了日本文化的特色，直到近世。

然而，繩文土器展現的狂野應該也藏在現代日本人的血液當中。現在聳立於大阪千里萬博紀念公園的「太陽之塔[*2]」便是岡本發揮繩文的血液所創造出的作品。可見，岡本不僅是透過本書《日本的傳統》論述創造的必要性，更用實際的行動展現。

*2：一九七〇年為了象徵大阪千里舉辦的日本萬國博覽會，所創作的藝術作品。

重點掌握

- 一味回顧日本傳統的傳統主義者逃避了創造的責任，從這一點來看實屬怯懦。
- 徹底正視日本的傳統，進行新的創造。只有這樣，傳統才能延續。

BOOKS

20

《「可愛」論》

「可愛」背後
隱藏的是怪誕。
你發現了嗎？

100字摘要

論述我們在日常生活中經常掛在嘴上的「可愛」，其隱含的美學、意義以及構成要素。同時提及了消費社會中如何戰略性地利用「可愛」，並探討其性別歧視問題、與全球化的關係等。

作者◉**四方田犬彥**

1953～。比較文學家、電影史家。曾在韓國、美國、義大利的大學任教。另外，也曾任以色列特拉維夫、科索沃的大學客座教授。

《「可愛」論》
四方田犬彥著
（筑摩新書／2006年）
繁體中文版：
《可愛力量大》天下文化

分析「可愛」的構造

我們經常使用「可愛」這個詞彙。而本節介紹的《「可愛」論》，正是一本四方田犬彥將焦點放在「可愛」的著作，分析「可愛」的美學，以及覆蓋在「可愛」之上的多種意義和要素。

看完上述的這一句話，也許有人會想到本章一開始介紹、由九鬼周造所寫的《「粹」的構造》（BOOKS14）。九鬼的焦點是「粹」，而這裡則是「可愛」。這樣的聯想其實是正中靶心。會這麼說是因為，四方田在書的尾聲中確實有提到，「當初對這一本書的結構設想，是想模仿《「粹」的構造》（一九三〇）的形式[*1]」。

然而，四方田最終還是放棄了用九鬼的方式論述「可愛」。主要是因為「可愛」與「粹」不同，包含了許多無法相互比較的要素。為此，四方田所採取的方式如下。

*1：四方田犬彥《「可愛」論》（筑摩新書，二〇〇六年）P190

首先，他追溯「可愛」的語源，同時又根據大學生的問卷結果，分析「可愛」的現代用法。在這些基礎之上進一步思考「可愛」的構成要素，並探討媒體對於「可愛」的操作方式、不同性別對「可愛」的不同感覺，以及全球化社會中的「可愛」等主題。

「可愛」的背後是怪誕

首先從歷史的觀點考證「可愛」。根據四方田的說法，其源流可以追溯到十一世紀初的《枕草子》，經過江戶時期的歌舞伎和大眾小說，一直到太宰治等作家為止，一脈相承。

另一方面，四方田又分析，根據問卷結果可以看出，大學生對於「可愛」的印象具有複雜的歧異。一方面對「可愛」感覺到一股「魔幻的牽引力」，可以達成幸福的自我肯定，但另一方面卻又感受到「反抗與厭惡」，有一種對方瞧不起自己，甚至想要控制自己的感覺。

接下來，四方田針對身處現代的我們，對於什麼樣的事物會感覺「可愛」這一點進行分析。四方田透過將「可愛」與「美」的概念相互比較，探索「可愛」的要素。

首先，四方田舉出「可愛」的基礎來自內心的躍動和親近且可以激發人們的好奇心，具有一種未完成的性質。另外他又提到，相較於「美麗」經常與觸摸的禁忌連在一起，而「可愛」卻會激發人們想要觸摸、庇護的慾望。

四方田基於上述的分析，提出了「可愛」背後隱藏的怪誕。

請試著回想動漫中的可愛角色或是可愛的玩偶。如果捨去「可愛」的概念後再度凝視這些東西，看到的會是近乎異常的巨大雙眼，或是極端短小的腿等，這些特徵其實都是身體的缺陷，也就是怪誕、畸形。

當然，單純的怪誕並不足以成為「可愛」。從「怪誕」成為「可愛」的必要條件是人們認為它需要人類不斷地保護，所以在人類社會中，「可愛」必須是脆弱無助的。

四方田繼續論述，「怪誕」和「可愛」比鄰而居，兩者之間隔著的僅是一層薄膜。而這一層薄膜是觀念上的東西，當人們將「可愛」投射在某一樣東西上的時候就會產生這一層薄膜，進而製造出「可愛」。也就是說，「可愛」並非東西的本質，而是人們的投影。

構成這一層薄膜的要素多且複雜，當中最重要的就是「迷你」。

日本人非常擅長將東西縮小[*2]。而四方田從這些縮小的東西中，發現了特殊的時間流動。

例如模型或公仔，藉由將事物縮小可以在歷史的流動中擷取一瞬間，將時間凍結。然而，在被凍結的時間吸引的同時，現實的時間也不斷地流逝。因此非常有可能會像「浦島太郎」一般，等到發覺的時候時間早已流逝。也就是說，被「可愛」吸引也要特別注意。

現在，「酷日本」是日本向全世界推廣日本魅力的政策之一，受到世界的矚目。而酷日本不可缺少的軟實力之一就是漫畫和電玩的角色，當中充滿了「可愛」的要素。

＊2：李御寧《日本人的縮小意識》（講談社學術文庫，二〇〇七年）中指出，日本文化背後有一種將事物縮小的原理在作用。同時，這也是一本論述日本文化的書籍，問世後引發話題討論。（繁體中文版由漫遊者文化出版）

如此看來，酷日本今後若想要繼續向世界推廣，那麼就必須要進一步分析「可愛」。這一本書也許可以提供一些靈感。

重點掌握

- 「可愛」的基礎來自內心的躍動和親近且可以激發人們的好奇心，具有一種未完成的性質。
- 「可愛」的背後存在著「怪誕」，兩者其實僅隔著一層觀念的薄膜。

愛德華．摩斯《日本人的住宅》

發現大森貝塚的博物學者關於日本住宅的研究

愛德華．摩斯於明治十年（一八七七）受聘來日，是東京大學的首位物動物學教授。他在東京品川區橫跨大田區的地方，發現繩文時代後期的貝塚——大森貝塚，因此聲名大噪。

《日本的每一天》（Japan Day by Day）是根據摩斯的日記寫成的作品，應該是摩斯的著作當中最出名的一本。這一本書於大正六年（一九一七）出版。距離該書出版三十多年前的明治十九年（一八八六），摩斯出版了一本關於日本人的住宅和生活環境的書籍，那就是這裡介紹的《日本人的住宅》。比起《日本的每一天》，這一本書讓他成為了世界知名的日本研究家。

然而，動物學家為什麼會聚焦日本的住宅呢？相信一定有人懷著同樣的疑問。與其稱摩斯為動物學家或生物學家，其實博物學家的頭銜更適合他。博物學家摩斯的興趣不僅是生物，其範圍甚至涵蓋至非生物，陶器便是其中之一。

摩斯是一位熱愛陶器的收藏家，他從日本全國各地收集回來的陶器多達數千件。摩斯將這些收藏品全數讓給了波士頓的美術館，一直到現在都是該美術館的重要館藏。

另外，摩斯也非常熱中於收集日常生活用品的民具，他在這方面的收藏品現在保存在美國麻薩諸塞州的琵琶地美術館（Peabody Essex Museum）。

就像這樣，興趣廣泛的摩斯對日本的住宅產生興趣，也就不算是件什麼不可思議的事。

著作《日本人的住宅》詳細解說住宅的外觀、木匠的工法、內部特徵、庭園等，當中還穿插了摩斯手繪的素描圖。從文章中可以看出摩斯的觀察入微。

「在厚板或薄板上畫線的時候，會將這個錐子刺進木材，慢慢拉線。線被拉出來的時候會沾上墨汁。只要用力一彈這一條被拉緊的線，黑線就會明顯地被印在板子上。」

這是書中關於「墨壺」的說明，是用來在板子上畫長直線的工具。應該很多人從來沒有看過墨壺。

那要如何寫出上述的描述呢？沒錯，沒有實際見過是寫不出來的。因此從中可以看出，摩斯實際觀察過職人們操作的樣子。

此外，本書另外一個魅力就是大量的素描。這些草圖不僅補強了文字內容，摩斯獨特的筆觸更創造出了一種無法言喻的「祥和感」。

透過摩斯的著作，也許可以回想起過去明治時代古風美好的日本住宅。

●書籍介紹

《日本人的住宅》

愛德華・摩斯著，齋藤誠二、藤本周一譯
八坂書房（2004年）
※文中引用內容出自該書。

●作者

愛德華・摩斯（1838～1925）

Edward Sylvester Morse。美國的動物學家。日本研究家。受聘來日教授動物學時，深入地研究了日本文化。

Chapter.

5

支撐日本人和日本社會存在的東西

BOOKS

21

《菊與刀》

將西洋與日本的文化分類為「罪的文化」與「恥的文化」

100字摘要

作者為文化人類學家，於第二次世界大戰中，受美國政府所託，調查日本人的心理。本書便是根據該調查結果所寫。相較於西洋屬於「罪的文化」，作者將日本定義為「恥的文化」。

作者◉**露絲．潘乃德（Ruth Benedict）**

1887～1948。美國的文化人類學家。針對北美原住民進行調查研究，論證各種民族的生活或行動模式可分為不同的「類型」，各具特徵。

《菊與刀》
露絲．潘乃德著
長谷川松治譯
（講談社學術文庫／2005年）
繁體中文版由
遠足文化／笛藤出版。

何謂「菊」與「刀」？

第二次世界大戰中，美國政府為了理解日本人的心理，於是委託文化人類學家露絲・潘乃德進行調查。潘乃德以這個調查結果為基礎，寫下了著作《菊與刀》。原作於戰後的昭和二十一（一九四六）年出版，日文翻譯版則於昭和二十三年（一九四八）分成上下兩卷出版。

大多數人應該都是聽過書名而沒有閱讀過書的內容，這樣的人可能會有一個印象，那就是「菊＝天皇」、「刀＝武士道」，然而這完全是誤解。接下來就以解開潘乃德所說的「菊」與「刀」所代表的真正意義為主，介紹這一本著作。

潘乃德於書中舉出，若想要理解日本人，首先必須理解階級制（身分制）。

在西洋，獲得權力的中產階級打破了封建制度和階級制度。而在日本，距今約七十五年前（潘乃德執筆當時）的明治維新終於終結了封建制度。然而，這是一場由部分武士階級和有力商人聯手進行的革命，因此就算是換了新的制度，階級制度依舊殘存其中。

於是，階級制度深深烙印在日本人的基礎觀念中，在這個制度中，只要能夠保持屬於自己的位置，那麼日本人便不會反抗，甚至在當中得到安全感。

潘乃德接下來注意到的是，日本人對於過去與日常經常感到虧欠的現象。自己能夠來到這個世上是托祖先的福、自己能夠過著幸福的日子是托社會的福等。潘乃德將這一種虧欠的心理換言成「恩」。這種具有虧欠心理的「恩」伴隨的是債務的償還，也就是義務。

潘乃德認為，這種義務可以分為兩種，與階級制度有很大的關聯。其一是對天皇的「忠」，另一個則是對雙親的「孝」。潘乃德還指出，除了這兩種之外，還有另一種類型稍微不一樣的義務，那就是「情義」，包含對社會的情義、與自己名譽相關的情義等。

就像這樣，日本人被賦予償還名為義務與情義的債務，潘乃德認為這些就好像是地圖上的各個區域一般，有著明確的劃分。

恥的文化與罪的文化

對於這些義務，日本人用「誠」，也就是誠實的態度面對。然而，總會有態度不誠實，或是無法顧及情義的時候。這個時候，日本人會感覺到「恥」。潘乃德分析，日本人有極力避開這種恥辱的特徵，因此，「恥」成為了日本人的行動基準。這與以自己內在「罪」的意識為行動基準的西洋人形成極大的對比。

就像這樣，潘乃德認為，相對於西洋屬於「罪的文化」，日本則屬於「恥的文化」，同時提出了就算是現代日本人也如當頭棒喝的警語。

●「菊」與「刀」

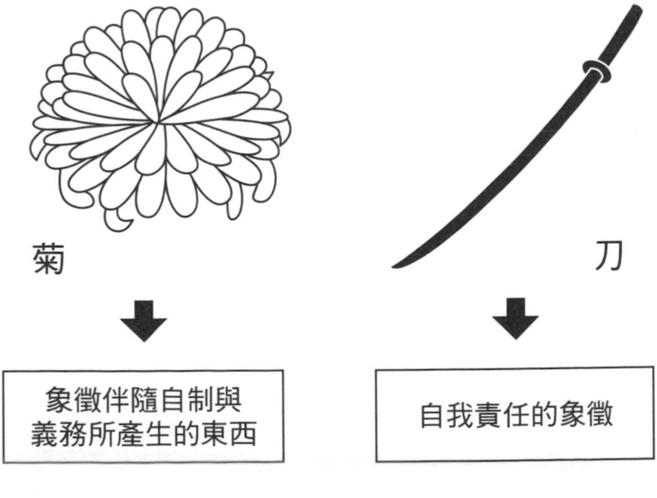

相對於罪的文化的真諦是基於內在對於罪的自覺而行善，恥的文化的真諦則是基於外界的強制力而行善。恥是對於他人批評的反應。[*1]

對於外界的批判或批評感到憂心不已……大家是不是也想到了什麼呢？沒錯，就是梅棹忠夫與內田樹所指出的邊境諸民族，也就是邊境人。身為邊境人的日本人隨時隨地都非常在意外界的批評，而潘乃德也精準地說中了這一點。日本人邊境人的性格也許真的是根深蒂固。

暫且不提這個問題，最初的「菊」與「刀」到哪裡去了呢？其實這與「恥的文化」也有很大的關係。

參加品評會的菊花都會整齊美觀地插在輪台[*2]上。請試著將這個輪台想作是日本人對於「恩＝虧欠」的義務或情義。也就是說，潘乃德認為，日本人一直以來所認知的自由，是在自制與義務之下「意志經過偽裝的自由[*3]」。在這概念下，盛開的是輪台上的菊花。

然而，到了戰後的新時代，日本人迎向的是不要求個人自制或義務的生活。

*1：露絲・潘乃德著，長谷川松治譯《菊與刀》（講談社學術文庫，二〇〇五年）P273

*2：彎曲金屬鐵絲所做成的菊花底座（花托）。

*3：露絲・潘乃德，同前書P362

輪台就此被拿走了。潘乃德認為，在這樣的過渡期，日本人應該要應用日本人過去的傳統美德。

例如，日本人在形容自我責任的時候，會使用「身上的刀」這種說法，將自己的身體與刀一視同仁。就如同帶刀者有責任保護刀的光輝，人也必須對自己的行為負責。在這樣的意義之下，潘乃德認為，刀並不是象徵攻擊，而是用來比喻能夠為自己的行為負起責任的理想模範。

就像這樣，「菊」象徵的是忠、孝、情義等，伴隨自制心與義務所衍生出的東西，而「刀」則代表堂堂正正的自我責任。如此便可以理解「菊與刀」真正的意義。

重點掌握

- 一般人容易將「菊」當作天皇的象徵，而「刀」則是武士道的象徵，然而這其實是誤解。
- 「菊」象徵的是伴隨過去的日本束縛日本人的自制與義務所產生的東西，而「刀」則象徵自我責任。

BOOKS

22

《日本的思想》

日本的思想構造是「章魚罐型」。其問題點為何？

100字摘要

相較於西洋竹刷型的思想構造，日本的思想構造將西洋的思想當作是一個個零件，在不自覺的情況下吸收，因此形成了章魚罐型。作者主張，現在日本需要的是連結章魚罐的「個別思想的座標軸」。

《日本的思想》
丸山真男著
（岩波新書／1961年）

作者◉**丸山真男**

1914～1996。政治學家。分析日本的政治構造和政治思想，作為戰後民主主義的主導者，影響甚鉅。

從〈後記〉開始閱讀《日本的思想》

有些人主張「書應該從後記開始讀起」。「後記」有時候會整理全書的內容，因此如果從後記開始閱讀，可以更快地掌握整本書大致的內容，在此基礎之上閱讀，也能夠更深入地理解內容。

當然，也有人認為從後記開始閱讀的方法，簡直就是旁門左道。只不過，丸山真男的《日本的思想》也許比較適合從〈後記〉開始閱讀。這是因為，〈後記〉當中寫到了許多閱讀本書時的重要事項。

首先，《日本的思想》共四章，分別是〈Ⅰ日本的思想〉、〈Ⅱ近代日本的思想與文學〉、〈Ⅲ關於思想的存在方式〉、〈Ⅳ「是」與「做」〉。〈後記〉中明確指出，前兩章是論文體，而後兩章則是演講體。從中便可以得知，雖然主題一致，但收錄進書中的基本上都是獨立的小論文。

另外，從《日本的思想》這一個標題看來，也許有人會以為這是記述自古以來的日本思想史。然而，丸山在〈後記〉中提到〈I日本的思想〉寫成的原委，說明這並非是一本日本思想史的書。因此，如果先從〈後記〉開始讀起，可以避免「這想必是關於日本思想史的書」這樣不必要的誤會。同時，關於貫串這四章各自獨立的論文的共通主題，在〈後記〉當中也有明確的說明。

這個共通的主題就是，日本的「問題」在於沒有形成將各種思想放在適當位置、發揮有如座標軸般作用的思想傳統，以及從以前到現在大約千年的時間，世界的重要思想產物幾乎都儲存在日本思想史當中的「事實」。《日本的思想》將這個「問題」與「事實」視為同樣的過程，試圖闡明從中衍生出的思想史問題的構造。

那麼接下來就以此為前提，對《日本的思想》進行解讀，尤其是〈I日本的思想〉。

丸山的立論基礎在於日本沒有思想史這一點。由於日本人無自覺地吸收各種思想，於是思想在精神內部進行空間配置，與時間無關，同時並存。為此，丸山認為，日本欠缺確定每一個思想位置的中樞或是座標軸，而這是日本的「問題」。

另外，丸山又主張，日本將西洋的思想解體後，以零件的形態進口，而這些零件有些與日本固有的想法一致，順利融入原有的思想。舉例來說，日本自古以來的「無」的思想，與西洋的虛無主義融合就是其中一個例子。丸山將這樣的現象視作是一種「事實」。

然而，將上述「問題」與「事實」視作是同一過程的另一層面時，日本的思想便會產生其他各種問題，其中一個問題便是「章魚罐化」。

●西洋與日本思想的鴻溝

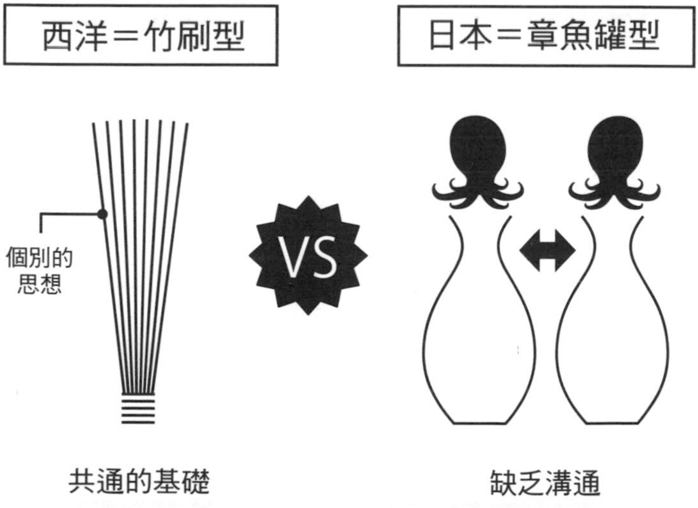

竹刷型與章魚罐型的思想

西洋的思想有著深厚的傳統。正值明治維新的時候，西洋的思想開始分化成不同的學問。在延續自希臘、羅馬的共通基礎上，進而分化成各種學問，這種情形與將剖成細長的竹枝收成一束，再將底部綁起來的竹刷[*1]非常相似。雖然分化成一根一根的竹枝，但底部有著共通的基座。丸山將西洋思想的這種結構稱作「竹刷型」。

日本是在明治維新後開始引進這些經過分化後的學問。由於是無意識地輸入各個零件，底部當然沒有綁在一起。也就是說，所有的學問都缺乏共通的思想史。相對於竹刷型思想，丸山將這一種思想稱為「章魚罐型」。

就像這樣，日本的學問在底部沒有共通基礎的情況下持續發展。第二次世界大戰前，天皇扮演了將章魚罐綁在一起的角色。然而戰後，這個結也鬆了，結果使得政府機關、產業團體、學術團體、文壇、畫壇、樂壇等各個章魚罐間欠缺相

*1：廚房用具之一。過去會用竹刷來刷洗碗等餐具。

互溝通，形成各個章魚罐獨自與世界交流的奇妙情景。進而造成國家無法形成引起全民關心的國家利益。

丸山主張，日本文化雖被定義為雜種文化，但事實上不同性質的思想並沒有交集，僅是同時存在於一個空間當中，而這才是真正的問題所在。若想要解決這一個問題，那麼就必須編織綁住竹刷的結，換句話說，必須建立確定各個思想位置的座標軸。這可說是丸山在《日本的思想》一書中最主要的概念。

重點掌握

- 相對於西洋的思想構造屬於竹刷型，日本的思想構造則屬於章魚罐型，也因此在思想上產生了許多問題。
- 這個問題就是日本沒有形成可以作為各種思想座標軸功能的思想傳統，必須建立這個座標軸。

BOOKS

23

《縱向社會的人際關係》

縱向集團與橫向集團，
你喜歡哪一種呢？

100字摘要

闡明在個人與個人、個人與集團、集團與集團的人際關係中，根據不同場所而構成的孤立集團，以及這個集團創造出的「縱向」型組織，是日本社會的原動力和特色。

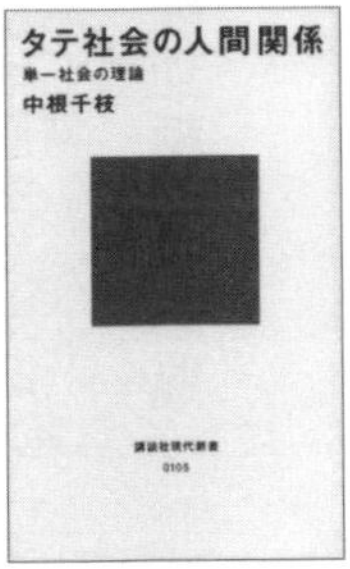

《縱向社會的人際關係》
中根千枝著
（講談社現代新書／1967年）
繁體中文版由
水牛／錦繡出版。

作者◉**中根千枝**

1926～。社會人類學家。留學印度和英國，是日本東大的第一位女性教授，同時也是第一位日本學士院的女性會員。

日本孤立的社會集團

「日本是縱向社會。」聽到這一句話，也許很多人都會點頭稱是。提出這種「縱向社會」說法的是社會人類學家中根千枝，而《縱向社會的人際關係》則是他將這個想法用簡單易懂的方式向大眾解說的著作。

所謂的縱向社會指的是像親與子、老大與手下、師父與徒弟這般，由縱向關係發揮強大機能的社會。為了理解這個縱向社會形成的過程，中根首先探討構成社會集團的兩大要因，那就是「資格」與「場所」。

「資格」指的是姓氏、血緣、學歷、地位、職業等，區別個人與他人的屬性。相對於此，根據「場所」構成的社會集團指的則是在地域、所屬機關等與資格無關的某種框架下，由個人構成團體的狀況。

關於「場所」，最容易理解的框架應該就是「家」。「家」的概念可說是深植於日本人的意識之中。也許正因如此，比起資格，日本根據場所構成的社會集團，擁有更為顯著的特徵。另外，根據「家」的概念構成的集團，明確地區別了「內部的人」與「外部的人」。這樣的想法也深入包括企業在內的日本集團。

由於區別內外的意識強烈，因此與外部集團保持圓滑的關係非常困難。根據中根的說法，這導致日本社會形成了企業、學校等縱向的集團孤立存在。

根據場所構成的集團與根據資格構成的團體不同，聚集的是擁有不同資格的人們。為了加強集團內部的連結，必須讓成員們有生命共同體的感覺，或是必須訂出管理集團的規則。

如果以公司來看，前者是員工旅行或聚餐等親睦活動，而後者則是公司的組織體制。

在建構組織體制的時候，根據場所構成的社會集團採用的是上司與下屬這種縱向的人際關係，有著強烈的序列意識（上下級關係）。比起個人的能力更看重年資，這正是縱向社會的人際關係。

縱向集團與橫向集團的差異

以場所為基礎的集團構成縱向型的組織，而以資格為基礎的集團則構成橫向型的組織。中根用沒有底邊的三角形探討縱向集團的組織構造，再用有底邊的三角形探討橫向集團的組織構造（參照下圖）。

如果將這個構造複雜化，則縱向集團會發展成好幾段的階層狀，而橫向集團則會並列連結，逐漸擴大成為一個圓形。

兩集團對於新人的加入有著不同的特徵。如下圖所示，縱向集團的下方是開放的。為此，只要是既存成員的強烈要求，不需要所有成員的同意，就可以讓新人加入。

●縱向集團與橫向集團

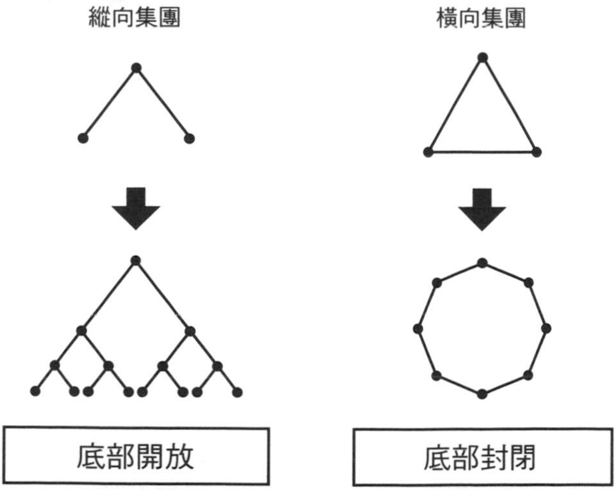

相較於此，橫向集團在新成員加入的時候，必須獲得所有成員的同意。如果太過麻煩，就會設立明確的規則，只有符合條件的人才能加入。中根認為，就這一層意義而言，由於縱向集團的底部一直都是打開的，因此比較開放，而橫向集團則比較排他[*1]。

接下來中根將焦點放在縱向集團。縱向集團的一大優勢是指令可以順暢地傳達。另外，當集團面臨危機的時候，由組織的幹部決定方針，上意下達，讓組織可以更快地採取行動。

然而，縱向集團的缺點是，最上位者的意思無法直接送達末端，所有的指令都是由直屬上司傳達。有時候，與最上位者的意見相左，組織內還會結成組織，也就是所謂的黨中黨。

中根主張，集團內形成黨中黨可說是縱向集團的宿命，隨時處於可能分裂的危機。實際上，政黨派系就是屬於黨中黨，派系是導致黨分裂的火種，這一點從過去到現在都沒有改變。

另外，縱向集團有所謂的組織力學。例如上位者底下有三名幹部，各自又有

*1：也可反過來思考。由於縱向集團的加入規則不明確，因此屬於排他；而橫向集團由於規則明確，因此較開放。

其部下。假設有一名幹部頭腦敏捷，集團只要依照他的方針便能解決所有難題。

然而，他並非集團的最上位者。他能夠調動的只有他自己的部下，也就是所謂黨中黨的成員。如果他想要一展身手，為了方便行事，他必須抬高上位者，讓上位者發號施令，使得他的分針可以滲透集團內部。也就是藉集團上位者的手，推動自己的方針。

中根認為，上位者需要具備的特質，與其說是領導集團的能力，更重要的是能否獲得成員的尊敬。

中根於一九六七年出版本書，已經是半個世紀前的事了。然而，書中提出的主張，依舊適用於分析現代日本社會。

重點掌握

- 社會集團的構成可以分為根據「資格」構成的集團，與根據「場所」構成的集團。日本的集團大多是根據「場所」構成。
- 根據場所構成的集團，有強烈依照序列維持集團的意圖。日本組織的特徵便是這一種縱向型。

BOOKS

24

《日本人與猶太人》

在遊牧民族眼中，
農業型邊境民族
的特質為何？

100字摘要

扮成猶太人的作者將日本人與猶太人做比較，闡明兩者在思考與行動上的差異。出版正值日本經濟急速成長的時代，作者用自己獨特的觀點解說日本人的勤勉、擅於仿效等特徵。

作者◉**以賽亞．本達桑（山本七平）**

Isaiah Ben-Dasan 。1921～1991。評論家。成立山本書店，站在基督徒的立場出版基督教相關書籍。以評論家的身分出版過多本書籍。

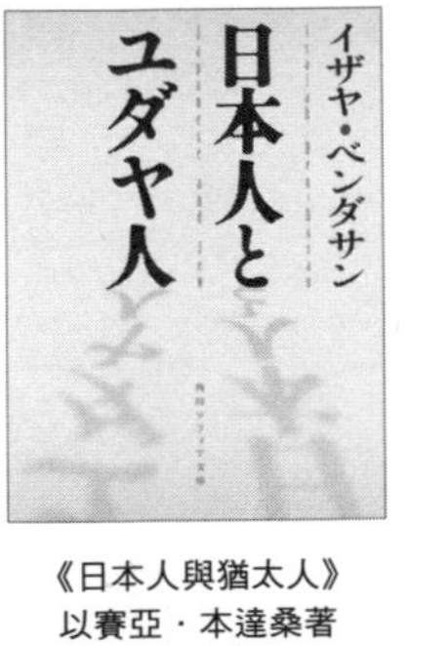

《日本人與猶太人》
以賽亞．本達桑著
（角川Sophia文庫／1971年）
繁體中文版
由錦繡出版。

於萬國博覽會之年問世

眾所皆知，《日本人與猶太人》的作者以賽亞・本達桑其實就是評論家山本七平的筆名，因此接下來皆稱本書作者為山本。

這一本著作《日本人與猶太人》於昭和四十五年（一九七〇）年問世。對於五十歲以上的人來說，昭和四十五年是充滿回憶的一年。日本萬國博覽會就是在這一年於大阪千里舉辦。為東京奧運之後的一大盛事，證明日本顯著成長的不僅限於經濟，文化方面也已經可以與世界並駕齊驅。

當時的日本真的非常意氣風發。然而，在此同時卻被世界揶揄為「經濟動物[*1]」。當時處於一個一方面充滿自信，卻因為世界在背後的指指點點而喪失自信的時代背景之下，人們很自然地產生了自問「到底什麼是日本人？」的態度。另外，只要是對於這一個問題提出明確答案的書籍，人們就會趨之若鶩。

在這個背景之下問世的就是《日本人與猶太人》。本書並非常見的歐美與日

*1：編註 當時西方世界，將只知道追求經濟利益、不關心世上其他事情的日本人戲稱為「經濟動物（economic animal）」。

本的比較，而是與猶太人做比較，這樣特殊的角度也讓書因此暢銷。

本書的書名雖然是《日本人與猶太人》，但其實最大的主題在於比較邊境諸民族與遊牧民族，更精確的來說應該是以農業為生的「邊境人＝日本人」與信仰猶太教的「遊牧民＝猶太人」之間的對比。

梅棹忠夫《文明的生態史觀》（BOOKS12）中關於遊牧民族的記述如下：「乾燥地帶是惡魔的巢穴。暴力與破壞的源泉。自古以來，那裡的遊牧民族胡作非為，用暴力破壞周邊的文明世界[*2]」。而猶太人也是因此被國家流放。

為此，日本人與猶太人的安全意識可說有著天壤之別。相較於視水與安全為理所當然的日本人，對於猶太人而言，生命安全比什麼都重要，有時候甚至不惜代價也要確保安全。就像這樣，書中從各方面比較住在邊境的日本人與屬於遊牧民族的猶太人間的不同，日本人的特徵也因此變得更加清晰。

＊2：梅棹忠夫，同前書《文明的生態史觀》P203

日本人勤勉的理由

再舉一個例子。猶太人是飼養羊的遊牧民族。相對於此，日本人則是以農業為生的邊境人。農業只要下功夫，就可以提高生產。然而，無論遊牧民族如何努力撫摸羊的肚子，也不可能讓牠們加速繁殖。山本認為，這就是日本人比猶太人勤勉的原因。

另外，山本還認為，日本的四季也是促使日本人勤勉的要因。會這麼說，是因為日本幾乎每九十天季節就會變化，必須在有限的時間內進行耕種。山本將這種農業稱作是「活動型農業」。只要時期到了，所有的農民就會一起活動。

不參加這個農業活動的人，會被周遭的人指責為怠惰者。另外，無法準時完成工作的人又會被批評動作慢。對於在意周遭人眼光的日本人而言，沒有比被貼上這種標籤更為恥辱的事了。山本認為，這也是勤勉的原動力。

另外，這種活動型農業衍生出了「鄰人百姓」的奇妙方式。只要鄰人開始播種，自己也會仿效播種；鄰人開始割稻，自己也會仿效割稻。如此一來，只要旁邊住的是優秀的鄰人，自家的收穫也會提升，可說是非常聰明的作法。

山本在書中寫道：「歐美在長達數百年間，都是日本人的鄰人百姓[*3]」，可說是完全切中了成功工業化的日本。

然而，非常諷刺的是，山本的這一段話在二十年後，成為「Japan as number one[*4]」的日本卻已經無法再利用「鄰人百姓」的方式仿效他人，經歷了長時間的經濟停滯，一直到現在。

另外，山本也批判日本特有的精神性。根據山本所言，猶太人絕對不可能在會議中達成全體一致的決定。這是因為猶太人思考的前提是「人類絕對不可能正確無誤」。因此，全體贊成代表全體都搞錯了，有少數的反對者，代表得出的結論會比較接近正確答案。

相對於此，日本人決定事情的時候都是全體通過。然而，在這些決定的背後，就算是全體通過的「法」，仍有不成文的規定，不能忽視「法外之法」。「酌情處理」、「法外開恩」就是屬於「法外之法」。而且甚至是靠「弦外之

＊3：以賽亞・本達桑著（角川Sophia文庫，一九七一年）P54

＊4：美國社會學家傅高義於昭和五十四年（一九七九）出版的同名著作，一夕之間成為了著名的一句話。該書也是由外國人所寫的著名日本論之一。

音」，也就是以心傳心，不言而喻。

山本主張，由「法外之法」、「弦外之音」定義的人性，在不知不覺中深入了日本人的體內，是「日本教[*5]」的基本理念。

然而，門外漢很難理解「法外之法」或「弦外之音」。也許也正因如此，無論是以前或是現在，世界都很難真正理解日本人。就算是為了理解這一點，本書也非常值得一讀。

*5：山本七平創造的詞彙。指的是無意識中深入日本人心中的思想或宗教。

重點掌握

- 比較屬於邊境民族的日本人與屬於遊牧民族的猶太人而寫成的日本文化論。
- 山本將日本人的思想、信仰視為「日本教」，其根本理念是人性，由「法外之法」、「弦外之音」定義。

BOOKS

25

《「依賴」的構造》

依賴可分為
健康的依賴與
病態的依賴兩種

100字摘要

作者是一名精神分析師，留學美國時對「依賴」（甘え）的心理產生興趣，開始進行考察。書中除了列舉日本人的想法、心理、社會現象外，還闡述了日本人熟悉「依賴」情感的事實。

《「依賴」的構造 [增補普及版]》
土居健郎著
（弘文堂／2007年）

作者◉**土居健郎**

1920～2009。精神科醫生、精神分析師。畢業於東京帝國大學醫學部。留學美國，曾任聖路加國際醫院精神科主治醫師、東京大學醫學部教授。

正確理解「依賴」的構造

「日本社會的問題就出在依賴的構造」、「那個組織屬於依賴的構造？」」、「你的這個態度正是依賴的構造」……

應該很多人聽過類似的對話，這些對話的共通點都是「依賴的構造」。

就算不知道前後文，也可以想像得出來，說話的人對於「依賴的構造」持的是否定的態度。上述的對話，如果將依賴的構造改成「依賴的體質」，也許更可以明確地理解說話者的意圖。

「依賴的構造」這一個詞彙出自昭和四十六年（一九七一），精神分析師土居健郎發表的著作《「依賴」的構造》。原本是書名，而來被當作一般名詞使用。

如上所述，「依賴的構造」一詞，一般都被當作否定用語使用。因此，閱讀土居的這一本著作之前，僅看書名，也許有人會立下判斷，認為「原來如此，這是一本對日本人的依賴的構造進行分析和批判的書」。

然而，如果思考僅限於此，便無法得知土居真正的意思。

根據土居的定義，「依賴」指的是在人際關係中，順著對方的好意而行動。也就是說，以對方對自己的好意為前提，表現出相對應的行為。

如果依照上述的定義，則人在依賴的時候，必須一開始就知道對方對自己持有好意。

另外，依賴的主體沒有自我意識，是在極為自然的情況下，依靠對方的好意所行動的。因此，當中並沒有包含刻意利用對方好意這樣理智的判斷。從自己的經驗當中體會到對方的好意，在不自覺的情況之下做出依賴的行為。

開始懂事的嬰兒對母親做出的行為可說是依賴的原型。母親對嬰兒展現無限的愛。而嬰兒也在不自覺的情況之下，期待母親的安撫。假設母親不允許嬰兒任何依賴的行為，那麼嬰兒根本不可能有健全的發育。

土居指出，長大成人之後，在建立新的人際關係時，這種依賴的心理依舊存在。因此土居認為，依賴在人類健康的精神生活中，扮演了不可或缺的角色。

另外，土居認為，國外找不到對應「依賴」的詞彙，將這個概念語言化的日本人應該感到驕傲。

就像這樣，土居對於依賴並不完全採取否定的態度。

那麼，就像文章一開始所述一般，為何一般人對於依賴，強調的多半還是否定的一面呢？問題的關鍵在於依賴有兩個不同的層面。

健康的依賴、病態的依賴

在互相信任的人際關係中，在不自覺的情況下發生的依賴是健全的，且是人類生活中不可缺少的。土居在《續「依賴」的構造》中將這種依賴稱為「健康的依賴」。

●「依賴」的一體二面

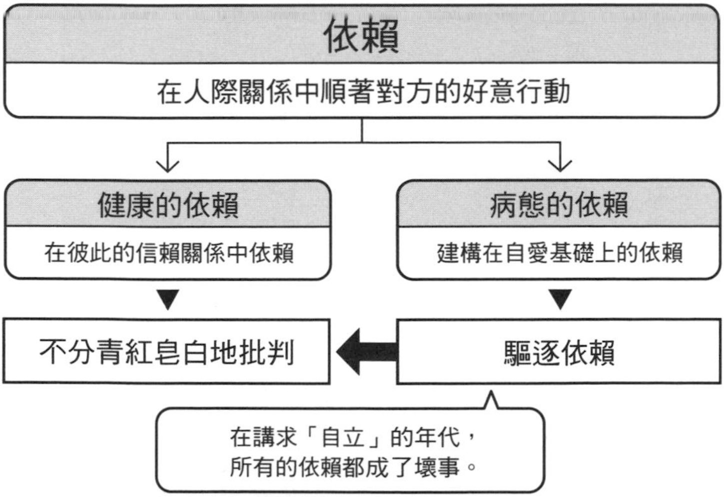
依賴
在人際關係中順著對方的好意行動
健康的依賴
在彼此的信賴關係中依賴
病態的依賴
建構在自愛基礎上的依賴
不分青紅皂白地批判
驅逐依賴
在講求「自立」的年代，
所有的依賴都成了壞事。

相對於此，有一種依賴是在人際關係缺乏信任的情況下所發動的。例如，如果母親在幼兒期一直拒絕孩子的依賴，那麼孩子恐怕會心懷「怨恨」或「嫉妒」。這樣扭曲的情感，是造成青年性愛、家庭暴力、反抗社會的原因之一。這種情況，怨恨或嫉妒可說是扭曲的依賴。

又例如，日本人從聖德太子時代開始，就遵循著「以和為貴[*1]」的信條。然而，在自己所屬的圈子當中，如果彼此成為了依賴與寵慣的關係，則難逃「縱容對自己人」的責難。

上述兩個例子都是「依賴的變形」。為了與「健康的依賴」做區分，土居將這一種依賴稱為「病態的依賴」。土居如此寫道：

全國瀰漫著一股否定依賴的風潮，於是病態的依賴開始在街頭巷尾氾濫。會變成這樣的主因正是因為驅逐了健康的依賴。然而，一般人很難理解這一點。[*2]

翻開報紙，每天都可以看到各種不可思議的犯罪新聞。如果有人覺得這與喪失「健康的依賴」有關係，那麼相信本書可以提供一些有用的提示。

＊1：聖德太子所編的憲法十七條的第一條開頭。重要的是不與人衝突，維持和氣。

＊2：土居健郎《續「依賴」的構造》（弘文堂，二〇〇一年）P118

另外，閱讀本書的時候，建議連同《續「依賴」的構造》一起閱讀。如同土居自己所說，續篇補足了前著的不足之處。

重點掌握

- 「依賴」是健康的精神生活中不可缺少的東西。
- 依賴分為健康的依賴與病態的依賴。現在屬於病態依賴驅逐健康依賴的年代。從這個角度看現代社會，也許會提供一些不同的線索。

巴茲爾・霍爾・張伯倫《日本事物誌》

日本文化的百科全書 也是了解明治文化的資料

受聘來日的巴茲爾・霍爾・張伯倫是一位有名的日本通。他精通包括古今和歌集在內的日本古典，甚至自己也會寫和歌。這個日本通張伯倫用他滿滿的知識寫成的著作就是這一本《日本事物誌》。

張伯倫的《日本事物誌》是收集關於日本人、日本社會以及日本文化的關鍵字，加以解說而成的書籍。

第一版於明治二十三年（一八九〇）出版，之後一直到昭和十幾年（一九三九左右）為止，每一次的再版，內容都變得更加充實。因此，本書成為了理解明治中期之後日本文化的百科全書。

會用「百科全書」形容是因為本書依照字母順序列舉項目，加以解說。

例如，讓我們一起看到第一個登場的項目。令人意外的是，第一個項目竟然是「算盤」。這是因為算盤的英文為「Abacus」。

「如果知道如何用算盤（日本人稱為soroban）」算帳，那麼買東西的時候就會非常划算。算盤是將針固定在木框上，針上面的珠子可以自由滑動的工具。我們小時候會用這個工具學習乘法。在日本，不僅是小孩，連大人也會使用算盤。」

就像這樣，每一個項目都有解說。每一個項目的解說篇幅約數頁，有些甚至多達快十頁。

再來看一個比算盤更能感受到明治時代氣氛的項目。例如，翻開「鐵道（Railways）」的項目，記述的內容如下：

「日本人待在固有風俗習慣中的時候，衣冠真的是非常整齊。然而，如果身處西式的生活或狀態的時候，雖然不至於骯髒，但卻會變得非常邋遢。就算是在一等車廂內，只要走進去，經常看到的是滿地的橘子皮、灑出的茶、菸蒂、翻倒的啤酒瓶等，必須從這些垃圾的縫隙中通過。」

張伯倫接下來繼續寫道，服裝英挺的日本陸軍將校，不顧旁人的眼光，在車廂內就把衣服脫光換裝。

在車廂內換衣服等，以現在的眼光來說是無法理解的文化。然而，說不定一百年後，那時的人們也會覺得在車廂內化妝的人非常奇怪。

另外值得留意的是「名字（Names）」的項目。「日本人擁有一個以上的姓氏，一個以上的洗禮名（又或是應該稱作異教名）」，並列舉了名字的種類。

張伯倫列舉的名字種類包括「姓」、「氏」、「俗名、通稱」、「自稱、實名」、「乳名」、「字」、「號」、「俳名、雅號」、「藝名」、「贈名（謚）」、「法名、戒名」，共十一種。

各位可以說出每一種名字的意思嗎？如果說不出來，不妨可以查一查張伯倫的《日本事物誌》。

●書籍介紹

《日本事物誌》

巴茲爾・霍爾・張伯倫著，高梨健吉譯
平凡社（1969年）
※文中引用內容出自該書。

●作者

巴茲爾・霍爾・張伯倫
（1850～1935）

Basil Hall Chamberlain。英國的日本研究家。明治6年（1873）來日，於東京帝國大學等地任教。精通日本古典文學與和歌等。

後記

～日本文化論的背後含意～

讀完這本《速解日本文化論》，不知道大家覺得如何呢？

相信大家對於這二十五本日本文化論有了初步的認識。如果是這樣的話，正如〈前言〉所寫的一樣，為了更加靈活應用本書，希望大家可以「再向前跨出一步」。跨出這一步的時候，至少有兩條路可以選擇。

第一條路就是，如果對書中介紹的領域或是書籍有興趣，不妨更深入研究看看。

對於列舉出的書籍，本來就僅限於概要介紹。因此，建議大家把所有書籍的全部內容都讀過一遍。

另外，這裡介紹的都是具有話題性的書籍，也因此有許多人對於這些書提出批判。我建議大家也可以把這些批判的聲音也全部看過一遍。如此一來，想必可以更加深入了解自己有興趣的領域或書籍。

這些批判多半都是在學術的場合上提出的，因此，如果你是學生，且對於特定的書籍或領域有興趣，那麼從這裡開始也許是不錯的選擇。

話雖如此，對於一般的社會人士而言，與學術的世界可能無緣，那麼又該怎麼辦呢？

如果是這樣的話，建議可以選擇第二條路。

第二條路就是，當有引起話題的日本文化論問世時，除了理解其內容之外，可以更進一步探討為什麼這一本日本文化論會產生話題，去思考其背景原因。

文化人類學者別府春海（Harumi Befu）曾說過，日本文化論可以分為兩類，一是作為學術論文的日本文化論，另一則是作為大眾消費財的日本文化論。

根據別府的說法，一般而言，我們想要知道日本與美國有什麼不同？與中國有什麼不同？而文化論可以滿足這一個需求。因此，日本文化論是滿足大眾需求的「財」，也就是大眾消費財。

如果真的是這樣的話，沒有什麼比引起話題的「日本文化論＝大眾消費財」，更能夠滿足大眾的需求。

舉例說明如何走向這第二條道路。試想最近常見的仇中仇韓和讚美日本的言論，現在在書店可以看到許多相關論調的書籍。依照別府的說法，這證明了這些書籍滿足了大眾的需求。

那麼，到底是什麼需求呢？

日本的泡沫經濟是在一九九〇年代初期破滅。之後，日本經濟持續低迷，「消失的十年」、「消失的二十年」，如果再這樣下去恐怕要邁向「消失的三十年」，許多人有這樣的擔憂。

與日本的持續低迷相反，期間經濟不斷提升的是韓國和中國。中國的GDP（國內生產毛額）在二〇一〇年擠下日本，成為世界第二大規模的國家。之後的差距愈拉愈大，中國現在GDP的規模已經是日本的二倍。

另外，GDP雖然沒有被韓國超越，但韓國在造船、電機、半導體等產業等都壓過日本，電影、連續劇、藝人等文化方面也是來勢洶洶。

就像這樣，當日本停滯不前的時候，已經被中國，甚至是韓國超越。在大家逐漸認知到這一項事實之後，伴隨而來的會是什麼？沒錯，正是失望。

不難想像，在許多日本人都有這樣失望情緒的時候，很容易就會與仇中仇韓結合。配合這樣的需求，也就可以解釋為什麼在書店可以看到這麼多仇中仇韓的相關書籍。

另外，上述的失望，其實也很容易與訴求日本自負心的論調結合。也就是「日本果然還是一個很棒的國家」等論調的日本文化論。就像這樣，仇中仇韓背後隱藏著讚美日本的需求，其結果就是在書店看到許多「日本果然是一個很棒的國家」論調的日本文化論。

而且，有些書店甚至會將仇中仇韓的相關書籍，與讚美日本的書籍放在同一個區域。這是充分理解大眾需求的商品陳列手法，可說是非常聰明的銷售策略。

上述僅是其中一個例子。藉由考察話題日本文化論的背景與為何他會牽動人心，可以進一步分析現代社會的需求與欲望，想必對大家的工作也會有所幫助。

之前提到的別府對於作為大眾消費財的日本論曾說過：「找出大眾的需求，也就是進行市場調查，寫出符合大眾期望的東西即可。」（《增補 作為意識形態的日本文化論》思想的科學社，一九八七年，P33）

的確，如果是切割地如此清楚的日本文化論，那麼讀者反而可以將這些日本文化論當作理解大眾需求的工具。

今後的日本人想必也會以邊境人的身分生活下去，就如同觸摸「黑暗裡的象」一般，之後也會不斷地看到不同的日本文化論問世。

批判新提出的日本文化論也是一件非常重要的事。然而，摸到象腳的人批判摸到象鼻的人不會有絲毫的助益。最起碼我沒有興趣參與這樣無意義的議論。

比起這樣的批判，我更加期待有許多從不同觀點提出的各式日本文化論問世。

然後，思考該日本文化論被大眾接受的背景。

就像這樣，思考「日本文化論的背後含意」，便是我建議讀完本書的讀者可以踏出的第二條道路。

接下來，請教大家。

知道本書《速解日本文化論》出版的背景嗎？

對於這一個問題，如果你可以提出獨自的見解，可見你已經跨出了邁向第二條道路的第一步。

最後，在此由衷感謝本書執筆時，費心指導我的大久保喬樹先生。

另外，關於本書內容的一切責任皆歸筆者。若內容有瑕疵，由筆者負全部責任。

筆者寫於神戶元町

二〇一五年三月

通識課 07

速解日本文化論

25本名著 解讀日本人的自我認同

作者——中野明
監修——大久保喬樹
譯者——陳心慧
總編輯——郭昕詠
責任編輯—陳柔君
編輯——王凱林、徐昉驊、賴虹伶
通路行銷—何冠龍
封面設計—霧室
排版——健呈電腦排版股份有限公司

社長——郭重興
發行人兼
出版總監—曾大福
出版者——遠足文化事業股份有限公司
地址——231 新北市新店區民權路 108-2 號 9 樓
電話——(02)2218-1417
傳真——(02)2218-1142
電郵——service@bookrep.com.tw
郵撥帳號—19504465
客服專線—0800-221-029
部落格——http://777walkers.blogspot.com/
網址——http://www.bookrep.com.tw
法律顧問—華洋法律事務所 蘇文生律師
印製——成陽印刷股份有限公司
電話——(02)2265-1491

初版一刷 西元 2016 年 7 月
Printed in Taiwan

ナナメ読み日本文化論
名著 25 冊で読み解く日本人のアイデンティティ

NANAME YOMI NIHON BUNKA RON

國家圖書館出版品預行編目 (CIP) 資料

速解日本文化論：25 本名著 解讀日本人的自我認同 / 中野明著；陳心慧譯 ── 初版．── 新北市：遠足文化，2016.07──（通識課；7）
譯自：ナナメ読み日本文化論：名著 25 冊で読み解く日本人のアイデンティティ
ISBN 978-986-93281-3-5（平裝）
1. 文化研究 2. 推薦書目 3. 日本

541.263　　105009855